"十四五"时期国家重点出版物出版专项规划项目·重大出版工程规划

中国工程院重大咨询项目成果文库

新兴产业发展战略研究（2035）丛书

丛书主编：周济　邬贺铨

生物产业发展
战略研究（2035）

谭天伟 等 著

科学出版社

北 京

内 容 简 介

本书是"战略新兴产业发展战略研究"在生物产业领域面向社会公众和决策人员的研究咨询报告，本书重点围绕生物制造和生物医药两大领域，在分析了生物产业国际环境及未来发展趋势、总结了我国生物产业在"十三五"期间的产业发展阶段特征的基础上，归纳了生物产业在"十四五"期间实现高质量发展的重大需求，并据此提出了"十四五"生物产业发展重点方向与面向2035年的生物产业技术预见及产业发展路径，给出了实现生物产业高质量发展的相关政策建议，对生物产业未来的发展形势做出了评估。

本书有助于社会公众了解中国生物产业近年来的整体发展情况及其子领域的发展态势与走向，可供各级领导干部、相关决策部门、学术界、产业界和社会公众参考。

图书在版编目（CIP）数据

生物产业发展战略研究：2035 / 谭天伟等著. —北京：科学出版社，2021.12

（新兴产业发展战略研究（2035）丛书 / 周济，邬贺铨主编）

中国工程院重大咨询项目成果文库

ISBN 978-7-03-070631-7

Ⅰ. ①生… Ⅱ. ①谭… Ⅲ. ①生物技术 – 高技术产业 – 产业发展 – 研究 – 中国 – 2035 Ⅳ. ①F426.7

中国版本图书馆 CIP 数据核字（2021）第 235241 号

责任编辑：陈会迎 / 责任校对：贾娜娜
责任印制：张　伟 / 封面设计：有道设计

科 学 出 版 社 出版
北京东黄城根北街 16 号
邮政编码：100717
http://www.sciencep.com

北京虎彩文化传播有限公司 印刷
科学出版社发行　各地新华书店经销
*
2021 年 12 月第 一 版　开本：720 × 1000　B5
2021 年 12 月第一次印刷　印张：5 1/2
字数：111 000

定价：98.00 元
（如有印装质量问题，我社负责调换）

新兴产业发展战略研究（2035）丛书
编委会名单

顾　问：

徐匡迪

编委会主任：

周　济　　邬贺铨

编委会副主任：

陈左宁　　王礼恒　　屠海令　　尤　政

编委会成员（以姓氏笔画为序）：

丁一汇	丁文华	丁文江	才鸿年	万建民	王一德
王威琪	王恩东	王海舟	邓中翰	邓宗全	卢秉恒
卢锡城	叶奇蓁	曲久辉	多　吉	邬江兴	刘韵洁
刘德培	衣宝廉	孙　聪	孙逢春	李　卫	李　松
李　骏	李兰娟	李伯虎	李国杰	杨小牛	杨华勇
杨志峰	杨胜利	吾守尔·斯拉木	吴　锋	吴　澄
吴孔明	吴以成	吴伟仁	吴志强	吴曼青	余少华
余贻鑫	沈倍奋	张玉卓	张兴栋	张伯礼	陈　坚
陈　勇	陈立泉	陈学东	陈祥宝	陈清泰	欧阳平凯
欧阳明高	岳国君	周　济	周志成	郑裕国	屈贤明
郝吉明	柳百成	钟志华	侯惠民	倪光南	徐志磊

凌　文　彭苏萍　蒋庄德　韩英铎　程　京　舒印彪
谭天伟　谭建荣　潘云鹤　薛　澜

工作组组长：

周　源　陈璐怡

工作组（以姓氏笔画为序）：

王　磊　王海南　孙旭东　陈必强　陈璐怡　苗仲桢
赵丽萌　赵鸿滨　姜玲玲　徐国仙　高雨辰　陶　利
曹雪华　崔　剑　戴培超

丛 书 序

2021 年是"十四五"开局之年，必须立足新发展阶段、贯彻新发展理念、构建新发展格局，加快发展壮大战略性新兴产业。战略性新兴产业是以重大技术突破和重大发展需求为基础，对经济社会全局和长远发展具有重大引领带动作用的产业，具有知识技术密集、物质资源消耗少、成长潜力大、综合效益好等特点。面对当前错综复杂的国际国内新形势，发展战略性新兴产业是建设社会主义现代化强国，推动经济发展新动能的重要任务，也是促进我国经济高质量发展的关键。

战略性新兴产业是引领国家未来发展的重要力量，是主要经济体国际竞争的焦点。习近平总书记指出，要以培育具有核心竞争力的主导产业为主攻方向，围绕产业链部署创新链，发展科技含量高、市场竞争力强、带动作用大、经济效益好的战略性新兴产业，把科技创新真正落到产业发展上。坚持创新在我国现代化建设全局中的核心地位，把科技自立自强作为国家发展的战略支撑，面向世界科技前沿、面向经济主战场、面向国家重大需求、面向人民生命健康，深入实施科教兴国战略、人才强国战略、创新驱动发展战略，完善国家创新体系，加快建设科技强国。战略性新兴产业作为未来的先导产业和支柱产业，对我国转变经济发展方式，实现创新驱动发展有着重要的推动作用。

为了应对金融危机，重振经济活力，2010 年，国务院颁布了《国务院关于加快培育和发展战略性新兴产业的决定》，并于 2012 年出台了《"十二五"国家战略性新兴产业发展规划》，提出要重点培育与发展节能环保、新一代信息技术、生物、高端装备制造、新能源、新材料、新能源汽车等七大领域；2016 年出台了《"十三五"国家战略性新兴产业发展规划》，把战略性新兴产业摆在了经济社会发展更加突出的位置，加快发展壮大了网络经济、高端制造、生物经济、绿色低碳和数字创意等五大领域，超前布局了空天海洋、信息网络、生物技术和核技术领域一批战略性产业；2021 年，《中华人民共和国国民经济和社会发展第十四个五年规划和 2035 年远景目标纲要（草案）》中明确指出，要着眼于抢占未来产业发展先机，培育先导性和支柱性产业，推动战略性新兴产业融合化、集群化、生态化发展。当前，我国已转向高质量发展阶段，战略性新兴产业在坚持创新驱动发展，全面塑造发展新优势方面起到了重要作用。

中国工程院是中国工程科技界最高荣誉性、咨询性学术机构，同时也是首批国家高端智库。自 2011 年起，开展了"战略性新兴产业培育与发展战略研究""'十三五'战略性新兴产业培育与发展规划研究""战略性新兴产业重大行动计划研究"等重大咨询项目的研究工作，并配合国家发展和改革委员会参与了"十二五""十三五"国家战略性新兴产业发展规划的制定和规划实施的中期评估，为战略性新兴产业相关政策的制定及完善提供了依据。

在前期研究基础上，中国工程院于 2018 年启动了"新兴产业发展战略研究（2035）"重大咨询项目。项目以"十四五"及 2035 战略性新兴产业创新发展研究为主要内容，紧密结合我国国情与国际形势，在系统分析国内外战略性新兴产业发展趋势、我国经济社会发展的战略需求的基础上开展研究。研究战略性新兴产业重点领域规划实施和创新发展，形成新兴产业技术预见路线图，完善战略性新兴产业统计指标体系和成熟度评价指标体系的建设。为"十四五"产业部署和创新发展重点及"十四五"规划的前期研究提供参考，同时为实现 2035 创新发展目标奠定基础。

经过两年的广泛调研和深入研究，项目组编纂形成"新兴产业发展战略研究（2035）"丛书，共 8 册。其中 1 册综合卷，即《新兴产业发展战略综合研究（2035）》；1 册政策卷，即《新兴产业政策创新研究（2035）》；6 册领域卷，包括《新一代信息产业发展战略研究（2035）》《生物产业发展战略研究（2035）》《高端装备产业发展战略研究（2035）》《新材料产业发展战略研究（2035）》《绿色低碳产业发展战略研究（2035）》《数字创意产业发展战略研究（2035）》。丛书在研判国际新兴产业发展的新趋势基础上，梳理各个重点领域的系统性技术、产业瓶颈突破技术、跨领域技术，凝练"十四五"战略性新兴产业发展面临的问题，开展面向 2035年的新兴产业技术预见及产业体系前瞻研究，并提出了"十四五"及中长期战略性新兴产业的发展思路、重点方向及对策建议。

2021 年正值两个百年目标交汇与转换之年，也是"十四五"国家战略性新兴产业发展的关键之年。衷心希望本套丛书能够继续为广大关心、支持和参与战略性新兴产业发展的读者提供高质量、有价值的参考。

目　　录

第一章 生物产业国际环境分析
及未来发展趋势

一、生物产业国际环境分析

生物技术是未来技术更新换代中最有发展前景的技术领域之一，对国家未来新兴产业的形成和发展具有引领作用，是新兴产业创新与实现跨越发展的重要基础，也是国际上在科技与产业领域的竞争高地。从世界生物产业发展趋势来看，目前正处于生物技术大规模产业化的开始阶段，预计未来几年将进入快速发展期，并将逐步成为世界经济的主导产业。2017 年，全球在生物技术和生命科学领域的研发投入达约 1776 亿美元，其中美国 746 亿美元，占 42%，对比航空航天/国防、汽车、生物技术（含制药）、软件、IT 硬件这 5 个最大细分产业，生物技术的研发投入强度明显高于其他产业。

1. 生物医药

新华网发布的数据显示（http://www.xinhuanet.com/fortune/2018-03/15/c_1122539962.htm），全球研制中的生物技术药物超过 2200 种，其中 1700 余种进入临床试验。生物技术药品数量的迅速增加表明，21 世纪世界医药的产业化正逐步进入投资收获期，全球生物医药产业正快速增长。20 世纪 90 年代以来，全球生物药品销售额以年均 30%以上的速度增长，大大高于全球医药行业年均不到 10%的增长速度。生物医药产业正快速由最具发展潜力的高技术产业向高技术支柱产业发展。

少数发达国家在全球生物医药市场中占有绝对比重，处于产业主导地位。全球生物技术公司总数已达 4362 家，其中 76%集中在欧美，欧美公司的销售额占全球生物技术公司销售额的 93%，而亚太地区的销售额仅占全球的 3%左右。美国公司处于生物技术产业的龙头地位，其开发的产品和市场销售额均占全球 70%以上。大的跨国公司主导了世界专利药市场，跨国企业在全球医药市场中的地位日益攀升，所占比重不断增长，现代医药产业的集中度逐年上升，跨国企业的垄断程度不断加大。在产品市场领域，单品种销售的市场集中度也呈现不断增高趋势。

美国已形成了旧金山、波士顿、华盛顿、北卡罗来纳州、圣迭戈五大生物技术产业区。其中硅谷生物技术产业从业人员占美国生物技术产业从业人员的一半以上，销售收入占美国生物产业收入的 57%，研究与发展（research and development，R&D）投入占 59%，其销售额每年以近 40% 的速度增长。英国的剑桥基因组园、法国巴黎南郊的基因谷、德国的生物技术示范区、印度班加罗尔生物园等，聚集了包括生物公司、研究中心、技术转移中心、银行等在内的大量机构，提供了大量的就业机会和大部分产值。

据统计，全球大型制药公司研发投入占销售额的比重在 9%~18%，而著名生物技术公司的研发投入占销售额的比重则在 20% 以上，对于纯粹的生物技术公司，研发投入比重更大。为建立全球性的生产与销售网络，最大限度降低成本，也为了获取新药或直接掌握新技术，生物技术公司之间、生物技术公司与大型制药企业之间以及大型制药企业之间在全球范围内的兼并重组非常活跃。全球范围内生物医药行业的并购和重组热潮，大大提高了发达国家及跨国公司抢占市场、垄断技术、获取超额利润的能力。

生物医药产业呈现集聚发展态势是全球趋势，其中美国、欧洲、日本等发达国家和地区占据主导地位，这些发达国家和地区持有 94% 以上的专利，尤其是美国占有世界近六成生物药专利。然而，包括我国在内的其他国家加起来的专利占有率还不足 6%。

从研发投入强度看，美国生物制药公司 Celgene（赛尔基因）研发投入强度最大，研发投入金额约占其营业收入的 40%，J&J（强生）研发投入强度最低，约占营业收入的 13%。相比之下，我国生物医药上市公司总体研发投入强度普遍较低，最高仅为 5.4%，其余领域均低于 5%。

端点新闻（Endpoints News）发布的 2016 年全球研发投入 TOP 15 制药企业排行榜中，Roche（罗氏）位居榜首，研发投入高达 114.1 亿美元，排名第 15 位的 Takeda（武田制药）研发投入为 31 亿美元。如果将我国 A 股上市的生物医药企业看作一个企业，其研发投入总额只略高于排名第 15 位的武田制药。

中医药是我们伟大的民族瑰宝，中医药的发展已有数千年的历史，在亚洲广泛传播，中医药与西方医学和其他民族医药共同满足世界人民对抗疾病、追求健康保健的需求。中医药学理论体系完整、诊疗效果卓越，在世界最早形成的三大传统医学体系中（中医药学、印度阿育吠陀医学、阿拉伯医学）一枝独秀。2018年，世界卫生组织（World Health Organization，WHO）首次将以中医药为主的传统医药列入国际疾病分类系统，意味着中医药学被世界主流卫生保健体系认可。

目前，中医药制造产业尚处于起步阶段，研发投入少、复合型人才短缺、学科交叉融合不足，缺乏自主知识产权技术平台。难以实现关键装备的自足可控，无法满足临床诊疗及新药创制等关键环节装备的国产化需求，尤其是在临床中医特色诊疗、候选药物快速筛选、药品质量控制中所需的大型、高端检测分析仪器，其核心技术、材料或核心部件多数被国外公司垄断，高度依赖进口，受制于人。中药资源是重要的生物遗传学基础资源和新药研发的化学物质基础资源。

在中药制造领域中，中药提取、浓缩、干燥、制剂等工艺过程及生产设备呈现出分散式分布，使得中药生产全程质量控制及保证质量的连续性等方面存在较大的难度。此外，中医药制造产业缺乏统一规划，存在盲目无序发展风险，低水平重复建设成为突出问题。

另外，中药产品出口及中医服务的消费人群主要是华人和亚裔群体，原有的中医药市场被日韩抢先占领，日韩在传统中医药理论的基础上衍生发展了自己的医药文化，中医药在韩国被称为汉医韩药，日本谓之汉方，其在亚洲国家的认可度与接受度都高于我国。我国许多传统古方古药的专利和商标被其他国家抢先在国际市场注册，目前全球中药市场中，日本拥有一批大型中药企业，其高度的产业集中度、生产的机械化和自动化以及先进的工艺技术和科学管理，使得日本汉方药制剂在国际市场的占有率已经高达80%以上，而我国前期由于对中药资源的可持续发展重视不够，投入严重不足，成为国外势力攫取的对象，日本汉方药物生产85%依赖于中国的优质药材供应。同时，西方大型医药公司的生产研发能力较强，将从我国进口的中药材及提取物，经过改良后以新剂型或新工艺抢占市场，甚至再度出口到中国。

2. 生物制造

生物制造可改变化工、医药、能源、轻工等传统制造业依赖化石原料和"高污染、高排放"不可持续的加工模式，是推动工业制造向绿色、低碳、可持续发展模式转型的重要方向，已成为未来产业竞争的焦点。

生物基化学品的产品丰富多样，而且应用范围十分广泛，市场价值巨大。生物基化学品对构建绿色工业经济发展生态路线具有重要推动作用，是未来生物经济与生物基社会的基础，也是世界各国战略必争高地。美国农业部统计，2014年生物基产品行业创造了（不包括生物燃料）3930亿美元的经济增长及420万个就业岗位。美国农业部于2016年发布报告称，到2025年，生物基化学品将占据全球化学品22%的市场份额，其年度产值将超过5000亿美元。2014年欧盟生物基工业经济（不包括食品、饲料及其他农业部门）产值6740亿欧元，就业人数330万。

在发达国家和新兴经济体，生物制造相关技术正在进入大规模产业化阶段，生物能源、生物基材料、生物炼制等领域的产品竞争力不断提升，应用市场不断扩大。据嘉吉公司和麦卡锡公司估计，现有化学品中的 2/3 可以通过生物质的转化得到。2015 年，全球生物燃料产量已达 1330 亿升，其中约 60%是生物乙醇，24%为生物柴油和其他先进的生物燃料。在北美和欧洲地区的政策刺激和持续投入的推动下，全球第二代生物燃料市场有望在 2020 年达到 239 亿美元，在能源领域的应用市场将不断扩大；生物基材料性能和经济性不断提升，已具备大规模市场应用的能力，2014 年，全球生物基材料产能已达到 3000 万吨以上，生物塑料产能约为 170 万吨，其中生物可降解塑料的产能约为 70 万吨，预期全球生物塑料市场将会保持乐观增长，至 2020 年有望达到 300 亿美元，年均复合增长率接近 15%；据 Lux Research 报告，2018 年全球生物基材料和化学品产能将跃升至 740 万吨以上。

二、生物产业未来发展趋势

1. 生物医药

1）个性化治疗

肿瘤免疫治疗就是通过重新启动并维持肿瘤-免疫循环，恢复机体正常的抗肿瘤免疫反应，从而控制与清除肿瘤的一种治疗方法。治疗药物包括单克隆抗体类免疫检查点抑制剂、治疗性抗体、癌症疫苗、细胞治疗和小分子抑制剂等。

近几年，肿瘤免疫治疗的好消息不断，目前已在多种肿瘤如黑色素瘤，非小细胞肺癌、肾癌和前列腺癌等实体瘤的治疗中展示出了强大的抗肿瘤活性，多个肿瘤免疫治疗药物已经获得美国食品药品监督管理局（Food and Drug Administration，FDA）批准临床应用。

此外，全球有超过 2500 多个基因治疗临床试验正在进行，基因疗法也已经成为全球医药研发企业的必争之地。

2）人工智能助力医疗

人工智能的下一个超级应用市场是医疗领域。据预测，到 2025 年，世界人工智能市场总值将达到 1270 亿美元,其中在医疗行业的应用将占市场总规模的 1/5。

医疗保健企业可以在市场上选择丰富的人工智能解决方案，供应商包括大型科技公司和初创公司。根据 Optum 的一项调查，世界上 75%的医疗保健企业正在计划执行人工智能战略。医疗行业及其技术提供商还试图将人工智能无缝集成到临床流程中。为此大型科技公司在积极构建汇总和分析大量不同数据来源的数据库。

未来，更多投资人工智能的风险投资基金将会跨入生物医疗行业，为该行业创新者提供资金支持，激发新技术商业化的活力，加快创新项目与产品投入市场、服务消费者的进程。

3）基因大数据带动创新

在 2018 年，出现了一些基于 DNA 信息的引人注目的新兴技术，比如智商遗传检测、DNA 刑侦、新药预测，并在这些领域取得了革命性进展。

尤其是基于基因成像和测序方法的液体活检，可以识别和监控较早期阶段出现的肿瘤。人工智能以及基因大数据的应用，结合未来液体活检可为多数癌症提供一种有效的早期筛查方法，并为精准确定癌症类型和预测癌症扩散提供线索。

未来我们将看到更多利用基因大数据开展的创新研究成果问世，随之而来的商业化前景也将渐渐清晰。

4）生物技术产业合作同盟的良性发展

生物技术产业化是一项整合分子生物学、基因组学、系统生物学、化学工程的知识与技术等的复杂系统工程，前期投资巨大，风险也很大，需要跨国巨头之间、生物技术公司和制造公司结盟并联合进行投资。

资料显示，被批准的生物技术药物中有一半是通过合作的方式研制成功的。这种加强合作的趋势主要表现在：一是战略同盟促成生物技术向产业化转化。由于大部分生物技术产品及生产技术掌握在新生的生物技术公司手中，为保持新药研发的持续性，几乎所有的制药公司都与生物技术公司结成了战略联盟，由这些技术力量雄厚的专家型小生物技术公司进行技术开发与创新，通过合作开发，获得生物药品的生产技术或生产权，这种模式成功促进了生物医药产业的良性发展。二是创新药品开发采用委托外包策略。为了缩短创新药品开发时间，近几年许多生物技术公司和制药公司开始和一些小型公司结成技术联盟，将技术性强的研究开发内容，分包给具有研究实力的小型公司完成。

据 CenterWatch 公司统计，目前委托研究机构（contract research organization，CRO）已承担了美国市场将近 1/3 的新型药物开发的组织工作。CRO 已经成为制药企业产业链的重要一环，正以其低成本、专业化和高效率的运作方式，受到生物技术公司和制药公司的高度重视。

中国方面，随着全球制药需求增长，国内全球生物制药合同生产机构（contract manufacture organization，CMO）订单承接能力增强，市场发展形势良好。2017 年全球 CMO 行业规模达 628 亿美元，中国占比 8%，且比重呈上升趋势。国内 CMO 市场化学药占据 90% 以上份额，业务以原料药和中间体为主，生物药 CMO 虽起步较晚，规模较小，但处于快速发展过程中，未来将保持高速增长势头。

5）中医药

从国内外产业现状和发展趋势来看，中医药产业呈现出稳步发展的良好局面；从国内外产业政策来看，中医药产业发展的政策环境趋好；从我国中医药进出口贸易发展态势来看，我国的中医药进出口贸易稳步增长；从我国中医药出口产品贸易结构来看，中药材及饮片和提取物所占的份额较大，而中成药和保健品份额较小；从中医药进口产品贸易结构来看，中药材及饮片、提取物和保健品份额较小，而中成药的份额较大。

伴随全球疾病谱改变及老龄化现象加剧，中医药健康产业迎来巨大市场需求和发展机遇。2018年中医药健康产业市场规模逼近20 000亿元，其中中药工业产值近9000亿元。屠呦呦研究员因发现青蒿素获得2015年诺贝尔生理学或医学奖后，中医药更加受到国内外的关注和重视。世界上对中医药的需求也不断增长，全球最大的15家跨国药业公司在植物药领域的科研支出年均增幅达22.5%，并先后在华建立研发中心，筹划进军中药产业。

中医药具有先天的医疗资源优势，从古今临床产生的大量中医药诊疗数据中提取关键信息，是中医药研究的一个重要突破点。同时，我国中药资源种类丰富，有12 807种，具显著的自然资源优势。随着国际交流的扩大，越来越多的国家开始接触并学习中医药知识，掀起了全球学习中医药文化的热潮。我们要抓住这样的机会，充分发挥中医药产业的优势和特色，努力开拓中医药健康产业的国际化市场。

2. 生物制造

目前生物技术发展迅速，特别是合成生物学、微生物菌种育种、工业微生物高通量筛选和分离提纯、生物催化剂的快速改造技术、生物转化的过程耦合技术、产业化技术等，使得生物质原料路线的工艺成本不断下降，从而使生物基产品的市场竞争力不断上升。利用现代生物技术，构建人工细胞工厂，突破自然生物体合成功能与范围的局限，打通传统石油化工产品的生物合成通道，是发展先进的生物制造技术、催生新的生物产业革命、促进可持续经济体系形成与发展的重大机遇。近年来，基因组学、系统生物学和合成生物学及相关技术的发展，为设计、合成人工细胞工厂奠定了重要的科技基础。重组生物体不仅有可能高效利用生物质资源转化为基础化学品，还可能合成原来不能自然合成的石油化工产品。由此，塑料、橡胶、纤维以及许多大宗的传统石油化工产品，将逐渐被来自可再生原料的生物制造产品所替代，生物制造将彻底改变自工业革命以来以化石资源为基础的原料路线，实现从不可再生的"碳氢化合物"为能源和原材料的经济结构向可再生的"碳水化合物"的经济结构的转变。

生物制造技术通过生物学、化学、工程学及信息学等学科的交叉，以高质量合成为目标，以快速、高效、高选择性和绿色为特征，以蛋白质结构分析、分子生物学、合成生物学、化学合成和反应工程学及系统工程理论等为技术手段，为化合物的清洁、高效、经济和快速生产提供创造性设计思想和新型科学方法。

近年来，生物制造技术发展方向主要体现在以下几个方面。

（1）合成生物技术，具体包括低成本DNA合成技术和基因片段高效组装技术，蛋白质结构功能的分析、定向设计与合成技术，标准化生物元件与功能模块的构建技术等。

（2）组学研究技术，具体包括生物调控元件的计算、设计、组装与应用等关键技术，基因组技术、转录组技术、蛋白质组技术、代谢组技术、表观遗传组技术、结构基因组技术等。

（3）生物催化工程技术，具体包括酶资源开发技术、基于蛋白质结构生物学的酶分子定向改造技术、酶高效表达技术、酶不对称及对映选择性生物转化技术，多酶催化体系构建技术等。

（4）生物过程工程技术，具体包括在线检测技术、生物过程优化和控制技术、发酵过程与分离耦合技术、产物分离、提取和精制技术等。

因此，生物制造领域技术的发展方向倾向于精细化（精确控制、强化催化和合成过程）、集成化（理性组装、优化催化和合成过程）、系统化（系统重构、优化整个催化和合成过程），在此基础上，实现传统化工催化与合成向绿色生物化工过程的跨越，建立低能耗、零排放、无污染的生物绿色过程技术产业体系。

第二章　我国生物产业阶段特征及高质量发展需求

一、"十三五"生物产业发展经验及存在的问题

1. 生物医药

我国生物医药技术近年来已经有了较大发展，并已涉足前沿和最新领域。但总体而言，国内仍然缺乏创新产品，企业热衷于较为成熟、见效益快的项目或已经配套的工业化项目，产业规模小；热衷于实验室成果，不注重在中试转化中的投入。而国外生物技术制药企业在发展过程中，拥有具有自己知识产权的医药产品，实现医药产品生产的规模化经营，生产技术水平很高，能创造更多的生产效益。

我国生物医药产业和新药研发虽取得了长足进步，但我国医药产业创新能力依旧薄弱，整体创新程度不强，尤其缺少突破性创新，研发的上市新药绝大多数是快速跟踪药物，新靶点、新机制的原创新药几乎空白。我国药物创新研发，主要是化学创新药物研发体系。在经历了"十一五"全面建设和"十二五"示范应用基础上，"十三五"期间聚焦重点领域实现了重大突破，与国际领先水平的差距在不断缩小。而生物制药技术升级较快，壁垒相对较高，国内相关技术发展起步较晚，且国内生物制药企业研发投入、能力与创新水平不够，总体技术水平发展相对落后，要追赶世界前沿技术尚需长足努力。在以基因疗法为代表的新治疗手段方面，目前国外多款产品接连上市，研发管线强劲；国内虽积极追赶，差距正在缩小，但由于起步晚、基础科研薄弱、政策跟进不及时等原因，国内企业一直落后于国外，更多的是作为国际制药巨头的追随者；技术发展主要集中于国外已经取得突破的领域，如嵌合抗原受体 T 细胞免疫疗法（chimeric antigen receptor T-cell immunotherapy，CAR-T）等，刚刚进入成长期，国内外的差距要远小于其他传统医药领域。国际上刚刚兴起的前瞻性技术，如靶向蛋白降解技术、人工智能的精准药物设计技术等，目前我国与国际领先水平差距较小。近期，我国在国

际上首次成功构建了体细胞克隆猴，并创建了首批生物节律紊乱体细胞克隆疾病猴模型，是个具有突破性意义的技术领域。

我国从改革开放以来，在国家各类研究基金支持和科研人员的努力研究下，在药物分子设计领域的研究已达到与国际"并跑"的水平。国内多家研究单位采用计算模拟和预测联合实验验证的研究策略，针对一些重要的药物靶标的结构—功能—调控开展研究，在离子通道、G 蛋白偶联受体及肿瘤相关等药物靶点上取得了一系列重要进展，也较好地掌握了药物分子设计的核心技术。与国外研究机构和制药公司相比，我国学者更注重药物分子设计方法技术发展与具体药物研发的紧密结合，这是我国药物设计研究快速发展的重要原因之一，也为进一步开展基于大数据和人工智能的精准药物设计研究奠定了基础。近年来，国务院、国家药品监督管理局以及相关部委相继颁布多条政策法规文件，支持和鼓励药物创新。在这些政策的激励下，国产自主创新药物的临床申请和获批数量均快速增长，中国药物创新的春天已经来临。作为创新药物研发的重要技术支持，国内的药物设计技术也必将迎来新的发展机遇和更为广阔的市场。计算机硬件的发展、医药大数据的积累和人工智能技术的兴起，也都在不断地为药物设计领域注入新的力量。可以预见，在市场需求和技术进步的双重推动之下，药物分子设计技术在中国药物研发中必将发挥更大的作用。与此同时，我们也需要意识到尽管国家政策十分强调人工智能，但国内的创业公司却很少涉及人工智能新药研发领域。中国在进行人工智能药物研发方面，仍面对人才、数据等困难。首先，人工智能应用于药物研发需要若干个垂直领域的专家共同参与才能有所突破。既需要药物化学专家、药理学专家、药企研发高管等，又需要人工智能科学家、云计算工程师等跨学科人才。通过在多个领域人才和经验的积累，再加上整个团队的紧密合作，这样才更容易获得突破性的思路和好的成果。其次，人工智能药物研发需要高质量数据支持。国内创新药研发起步较晚，与国外相比，对于优质数据的积累还有一定差距。

我国目前每年出生超过 1500 万名新生儿，每年有 80 万至 120 万先天畸形或者遗传缺陷的新生儿出生，占全部出生人数的 5%~8%。目前大多数先天性遗传病不可治愈，只有极少数遗传病可进行治疗，而治疗所用的相关药物均为国外研发生产，治疗费用极度昂贵（如脊髓性肌萎缩的治疗药物费用约为 37.5 万美元/年），给患儿家庭和国家带来巨大负担。

"第三代试管婴儿"是目前防止出生缺陷的一个重要有效手段，可显著减少出生缺陷患儿的出生，减少家庭及国家相关医疗费用的支出。目前我国有 40家以上的生殖中心开展了胚胎植入前遗传学诊断（preimplantation genetic testing，PGT）项目。但相对遗传病总体人数及发病率而言，目前进行 PGT 的生殖中心体量及数量仍旧偏小。

高通量测序技术，又称下一代测序（next-generation sequencing，NGS）技术的应用促进了胚胎诊断和筛查的迅速发展，PGT 技术诊断范围、诊断的准确性大大增加，有了更广泛的应用。在 NGS-PGT 的应用中，受限于可检测细胞数量，单个细胞的全基因组扩增（whole genome amplification，WGA）产物的质量对后续测序分析十分重要。新的扩增方法改善了扩增的均一性，显著提高了基因组覆盖率和拷贝数变异（copy number variation，CNV）检测的精确度，实现了对胚胎更高精度的诊断，但仍然需要进一步完善。随着全基因组扩增技术、高通量测序技术的飞速发展，全基因组扩增的稳定性和均一性大幅提高，NGS 测序量大大增加并且成本降低，该技术作为基因检测的金标准也逐渐成为胚胎植入前诊断技术的主流。

目前我国 NGS-PGT 领域的发展后来居上，无论是在方法的开发还是诊断的病例数上，都处于世界领先水平。在传统的胚胎染色体拷贝数变异检测方法难以检测的平衡易位、罗氏易位携带胚胎方面，北京大学第三医院开发的基于染色体单倍体分型鉴别平衡易位携带胚胎技术、郑州大学第一附属医院开发的等位基因映射识别技术、中信湘雅生殖与遗传专科医院开发的结合染色体显微切割技术和二代测序技术的 Micro Seq-PGD 技术，均能实现对易位携带胚胎的诊断。此外，在单基因疾病 PGT 方面，北京大学团队开发出一种基于多次退火环状循环扩增技术的 PGT 方法——基于高通量测序技术的非整倍体测序与连锁分析（mutated allele revealed by sequencing with aneuploidy and linkage analyses，MARSALA），它可以在一次测序的基础上实现对胚胎同时进行染色体异常、突变位点以及连锁分析的三重检测，目前已成功应用于多种单基因遗传疾病。

近年来，国家在中医理论研究、中药药性理论研究、方剂配伍规律研究等中医药重大基础理论研究中取得了较好成果。在名老中医经验传承、中医药防治重大疾病和常见多发疾病、中医药标准规范、中药材规范化种植、中药饮片炮制等研究方面取得了较好的成绩。围绕一批重大疾病和大品种开展了系统的循证医学研究，获得了 14 类重大疾病中医药防治疗效的循证依据，开展了一批中医药关键技术攻关。

长期以来，我国政府对中药的发展十分重视，尤其是中药现代化政策的实施，有力推进了中药相关技术的大力发展。中医药在国际上的认可度显著提升，一批高水平论文在国际顶级期刊发表，复方丹参滴丸、康莱特注射液等 4 种中药已获美国 FDA 批准开展Ⅲ期临床研究，地奥心血康、浓缩当归丸、银杏叶片等一批中成药正在开展欧盟注册研究。目前我国中药的基础研究和新药研发，中药材、饮片、提取物和中成药的生产，中药质量分析等方面的技术和装备都处于国际先进水平，尤其是中药的基础研究和质量分析达到国际领先水平。

另外，我国中医药产业也面临着一些问题，主要包括以下五个方面。

（1）中药科研投入不足，技术创新能力有待提高。从美国的制药科研数据上可以看出，美国在 21 世纪初期研发出一个新兴药品需要 8.02 亿美元，在药品的投入上占整个医药体系的 15%以上。而目前相比之下，我国医药资金投入不足 5%，相差甚远。

（2）医药企业规模和产业规模较小，医药仿改制品种泛滥。我国中药目前已经发展到了 35 大类和 43 种制剂类型，可以生产中成药 4000 多种，总产量在 50 万吨左右。我国的中药企业虽 80%以上是经过药品生产质量管理规范（good manufacture practice，GMP）认证的。但是，在这些制药企业中，很多企业的生产规模较小，各自为战，对市场风险的抵御能力较低，甚至存在几百家企业都竞相申报相同的药物和制剂的现象，扰乱了医药市场。

（3）缺乏产权保护意识。目前，我国很多中药企业无论从研发机构还是科研机构来说，对于医药用品都缺乏足够的品牌意识，使得国内科研成果成就国外专利的现象屡见不鲜，给我国的医药产业发展带来了巨大的经济损失，也为我国医药市场带来了巨大的冲击。

（4）国内传统中药材的生物基因数据库尚未建立。随着生物科学技术的进步和我国中药研究的进行，传统中草药生物基因资料越来越多，建立一个传统中草药生物基因数据库的条件也越来越成熟。建立传统中草药生物基因数据库对我国中药材鉴定是非常有益的，可以极大地提高中药材的鉴定水平，保证中药材的质量，使中药的现代化进入快车道。同时传统中草药生物基因数据库的建立解决了过于依赖国外数据库的现象，也可避免我国的"尖""新"资源流向美国国家生物技术信息中心。

（5）中医药国际化面临各种壁垒，标准化建设尚处于起步阶段。中医药学兼具自然科学和社会科学双重属性，基于中国古代文明的中医药理论很多还不被西方医学所认可。文化壁垒、绿色贸易壁垒、国际统一的质量标准及检测标准缺乏、注册申报程序复杂及法律保护缺乏等问题，是制约我国中医药国际化的重要障碍。我国很多中药在海外以健康食品身份注册，疗效也未得到国际标准认可。我国中医药标准化的工作上存在不足，中医药标准的国际化也刚起步，缺少完整的中医药国际化教学的课程体系，中医药标准评价、实施、推广和反馈机制尚未形成，符合国际医药主流市场的现代中医药技术和方法认证与认可也未全面展开。

2. 生物制造

我国在生物制造行业也取得了显著的发展。"十三五"以来，我国发酵产业主要产品的产量由 2010 年的 1840 万吨增长为 2017 年的 2846 万吨，增长了 54.7%，同时产值也由 1990 亿元增长为 3290 亿元，增长了 65.3%。我国形成了谷氨酸、赖氨酸、柠檬酸、结晶葡萄糖、麦芽糖浆、果葡糖浆等大宗产品为主体，小品种氨基酸、功能糖醇、低聚糖、微生物多糖等高附加值产品为补充的多产品协调发展的产业格局，"十二五"期间谷氨酸、赖氨酸、柠檬酸等产品的产量位居世界首位，淀粉糖居世界第二位。总体来说，我国发酵产业规模继续扩大，保持稳定发展的态势。燃料替代方面，2016年，中国燃料乙醇产能为271万吨，燃料乙醇消费量为260万吨，乙醇汽油占全国汽油消费总量的1/5。2017年9月13日，国家发展和改革委员会、国家能源局、财政部等15部委下发了《关于扩大生物燃料乙醇生产和推广使用车用乙醇汽油的实施方案》，提出到2020年，乙醇汽油在全国基本实现全覆盖。根据规划，2020年中国燃料乙醇年利用量将达到1570万吨（受需求放缓及成本压力增加的影响，尚未达到规划用量）。

我国生物制造产业初具规模，在创制生物经济新路线和推动传统化工产业技术升级等应用研究方面已有一定基础，在部分关键产业领域生物制造技术成熟度方面已走到前列。但是，我国在生物基产品制造的"芯片"——生物催化剂方面严重受制于人，在大宗发酵产品（氨基酸、有机酸、维生素等）具备规模优势的产业领域普遍存在工业生产催化剂知识产权侵权的隐患；丙二醇、对二甲苯、尼龙等重大化学品遭遇全方位的专利封锁，尚未打破杜邦等国外大型化工集团的垄断，基础原料严重依赖进口，有机化工、纺织、日化材料等产业发展在上游受制于人，产业安全面临巨大隐患。

二、"十四五"生物产业的阶段性特征分析

1. 生物医药

目前，我国生物医药产业主要为政策导向，近几年生物医药产业重磅政策不断推出，包括《"十三五"生物产业发展规划》《"健康中国2030"规划纲要》，中国加入国际人用药品注册技术协调会药品上市许可持有人（marketing authorization holder，MAH）制度试点落实，"精准医疗"战略规划，《关于深化审评审批制度改革鼓励药品医疗器械创新的意见》，分级诊疗战略等政策，同时国家双创计划加速落实，促使国内生物医药产业新成立企业数量在2015年、2016年达到巅峰。

面向"十四五"，伴随着飞跃式增长的生物医药市场，中国需要越来越多的生物医药创新发明以满足人民日益增长的医疗需求。而中国生物技术及其产业与发达国家尚有较大差距，需要加强顶层设计，重视自主创新，尽快形成追赶实力。

我国在新药创制领域，要逐步形成从科研到成药的全产业链能力，为持续地产生新的药物和疗法奠定良好的系统基础。

制药行业最核心的竞争力来源于新药创制水平。与欧美国家不同，长期以来

中国制药行业的重心在仿制药上。中国一度被称为仿制药大国，仿制药市场占据了国内医药市场的绝大部分份额。"十三五"期间，我国在新药研发领域正逐渐与国际社会接轨，出现了一些有研发能力的上市企业；生物技术创业公司也在资本市场的助推之下变得多了起来；更是有不少在国际上占有相当地位的 CRO 公司。不过，虽然我国通过新药创制重点专项，促进了数十种国产Ⅰ类新药获批上市，但是其中没有一个靶点是自主发现的。

源头创新能力是医药产业发展的内生动力。新药创制是一个长周期的极为复杂的过程，成本高、周期长也是所有人的共识。从基础理论研究到新靶点的出现和验证、新药研发、临床试验，以及最后走向市场需要十几年甚至二十多年的时间。

基础研究薄弱是我国的首要问题，我们要有耐心去解决一些共性的技术基础问题。新药创制的链条比较长，依赖于整个过程中的产学研的结合，但我国企业研发能力薄弱，产学研长期存在的脱节问题都是新药创制路上要解决的问题。上市之前的临床试验是验证新药疗效和安全性的关键一步，也是投资巨大和失败率最高的一个步骤。在临床研究方面，我国的基础也很薄弱。

中医药学是我国特色的医疗体系之一，在健康需求不断增加、诊疗技术飞速发展、医疗保健费用不断提高造成社会矛盾凸显的今天，中医诊疗具有诊断方式简单，治疗、用药比较方便，治疗有效，治疗费用相对低廉的特点，更能够顺应时代而满足民众健康的需求。但是，与其他医疗学科相比，中医药技术水平进展相对缓慢。主要表现在以下几个方面：中药基础理论缺乏现代诠释，对临床和新药研发的指导价值发掘不够；中药药效物质、作用机制、体内过程等研究还不够深入；符合中药特点的研究方法和技术手段还很落后，不能满足需求；确保中药"安全、有效、可控"的质量评控体系尚未完整建立，质量检测方法及控制技术比较落后；中药创新研究技术平台不完善，具有高科技含量的现代创新中药品种相对较少，等等。反而是作为邻国的日本、韩国在中药制药、古方/经方开发方面的经验值得我们借鉴。将中医药经验和现代科技进行结合，利用现代的医学理论诠释与发展中药基础理论的科学内涵；建立符合中药特点的药效物质、药理评价、药代过程、作用机制、安全性及临床评价研究方法学体系；建成中药产业发展的共性关键技术平台；通过现代的制剂工艺，加深对中药的利用，是我们未来要努力的方向。

要抢抓健康领域新一轮科技革命契机，按照中医药制造产业全链条顶层设计、一体化实施原则，以中医药特色诊疗、中药新药筛选、中药资源保护、中药质量控制、中药生产制造为方向，以中医四诊仪、全自动高通量筛选机器人、中药基因数据库、精密化学分析仪器、中药生产智能装备等战略性产品为重点，系统加强核心部件和关键技术攻关，重点突破一批引领性前沿技术，加快推进我国中医药领域创新链与产业链整合，促进我国中医药制造产业装备整体进入国际先进行列。

要加强我国中医药领域种质资源保护、知识产权保护，确立中医药作为我国独特资源的国家战略地位，构建基于人工智能技术的世界传统草药基因数据库、中医临床医案数据库。同时，吸取芯片产业教训，实现美国国家生物技术信息中心（National Center for Biotechnology Information，NCBI）数据库的国内可替代数据库建设，避免因突然封锁对医药行业带来严重影响。

当前我国面临的外部环境正在发生深刻变化，国产核心装备迎来了新的发展机遇。对于上述受制于人的关键设备，考虑目前我国发展阶段，建议有所为，有所不为，抓住突破点，充分发挥中医药在我国的先天优势，迅速在全球占领制高点，形成垄断，继而达到在危机中不受制于人，也可制约他人的主动态势。

在具体措施上，可加大对国产中医药制造设备企业及相关科研机构的支持力度，从专利的审批到资金的调配，开启绿色通道；对现有分散的企业进行摸底，并鼓励兼并整合；对于确可生产替代国外同类设备的企业，制定特殊的扶持政策。国产中医药制造装备任重道远，严峻的国际态势"倒逼"其质量快速提升与发展，挑战即是机遇，可以此为契机大力发展国产民族品牌，使得国产装备能够在最短时间内迎头赶上，不受制于人。

2. 生物制造

1）生物基产品制造关键生物催化剂需要尽快突破

工业菌种和工业酶是生物基产品制造的核心，加强核心工业菌种和工业酶的创制是保障生物产业创新发展和具备市场核心竞争力的关键。我国工业菌种和工业酶的知识产权受制于人，对国内生物制造产业发展和国内企业参与国际市场竞争造成了巨大阻碍，对我国生物产业安全发展造成极大威胁。我国工业菌种与国际差距加大，据中国生物发酵产业协会统计，在我国3000亿元规模的发酵产业背后，我国生物制药、燃料乙醇、粮食深加工、现代发酵等行业的核心菌种几乎都笼罩在国外菌种专利的"阴影"之下。国外对我国工业菌种的封杀从未放松，只要我国相关企业成长到一定规模或试图产品出口，诉讼就会随之而来。例如，韩国希杰第一制糖株式会社的诉讼逼迫宁夏伊品生物科技股份有限公司几乎赔出所有利润。同样，我国核心工业酶被诺维信、杜邦和帝斯曼所垄断，这三家企业占到全球酶制剂市场的74%。虽然中国企业在低端的饲用酶制剂领域实现了重要突破，已经占到全球饲用酶制剂市场的14%，但在关系到整个生物制造产业的酶制剂市场仍被欧美公司垄断。"无论是美国杜邦，还是丹麦诺维信，中国企业可以买到酶产品，但不可能买到菌种技术"。工业菌种、生物催化剂牢牢卡住了我国生物制造产业的咽喉，严重制约了我国生物工业的发展。

2）化工基础和高端精细材料向先进生物制造转型升级迫在眉睫

自中美贸易战打响以来，我国众多核心化工产品与技术"卡脖子"现象日益凸显，折射出了当前化工领域产品体系、技术体系、产业体系与知识产权体系存在的诸多问题。使用生物质等绿色资源，可以提供对二甲苯、尼龙等重大化学品原料新选择，将从源头上消除工业生产对资源与环境的消耗，对能源、材料、化工等领域将产生颠覆性影响；生物基产品的研发不断加速，杜邦、巴斯夫、帝斯曼等国际化工巨头都开始转向该领域。我国现有技术在木质素、纤维素等原料的转化利用上仍存在瓶颈，导致产品品位低，原子经济性不足。目前，我国急需在生物质转化途径设计的基础理论和高原子经济性的生物转化技术以及科学的生物炼制技术方面取得突破，在事关国计民生的重大化工产品领域创新原料路线和自主的生物制造工艺，占据战略制高点，实现"弯道超车"。

3）面向未来的生物制造前瞻技术储备不足

生物基产业已成为国际竞争日趋激烈的新赛场，欧美发达国家正在该领域加强未来前瞻布局、发力推进。例如，美国"生命铸造厂"计划最具代表性，被视为"引领改变游戏规则的技术转型"。该计划预期产生1000个自然界不存在的、独特的分子及复杂化学结构，致力于材料、制造领域的转化应用，为美国创造世界领先的战略与经济优势。近期信息显示，美国已经或即将上市的合成生物技术产品有116种，颠覆了农业种植、石油化工、有机化工等传统路线，将创造千亿美元的市场。我国在未来产业发展技术方面虽然有一定布局，但与欧美等发达国家相比，战略架构、底层核心技术、关键装备上还存在差距。迄今为止我们尚未在该领域领衔组织国际大科学计划，自主知识产权的基因编辑等技术也尚未突破，生物技术领域关键装备受制于人，使得产品附加值低、成本较高、市场竞争力不足等。

第三章 "十四五"生物产业发展重点方向研究

一、生物医药产业重点发展方向及目标

1. 疾病预防

疫苗是维护国家稳定和国民大健康最为经济、高效和普惠的手段，在保障国民健康和国家生物安全方面发挥了巨大作用，从 1978 年我国对所有适龄儿童实施计划免疫以来，传染病的发病率和死亡率大幅下降，成功消灭了天花和脊髓灰质炎，常见儿童传染病如麻疹、流行性腮腺炎、风疹、百日咳、白喉、破伤风、流行性乙型性脑炎、流行性脑脊髓膜炎等疾病的发病率和死亡率下降幅度在 95% 以上，我国乙型肝炎感染率降至 1% 以下，成功消灭了新生儿破伤风，产生了巨大的社会效益和经济效益。

面向"十四五"，疫苗领域的重点研究方向包括：①针对天然抗原高度突变或发生化学修饰而产生免疫逃逸，天然病原体毒性过大或无法产生有效免疫反应等难题，利用组学、分子细胞免疫学、细胞/动物模型和人工智能等，开展疫苗新靶标的发现；②基于结构进行免疫原的分子概貌重塑和蛋白修饰/去修饰设计，利用反向遗传学或密码子改造进行减毒活疫苗的设计和新发突发传染病疫苗的快速开发；③基于疫苗诱导免疫应答机制、颗粒性抗原呈递机制、免疫原性效应分子和广谱保护性抗体生成规律等，开展疫苗靶标免疫原性设计；④根据病原体-宿主间的免疫反应机制和效应分子，筛选新型免疫佐剂和分子内佐剂，改良现有佐剂或优化给药途径和方法，提高疫苗的免疫原性和疗效；⑤通过新型疫苗表达系统、合成生物学、新一代工艺研发技术等，突破疫苗规模化生产和应急快速制备技术瓶颈，研发模块化、一次性化、微型化、智能化的新型生物反应器，提升无血清高密度悬浮细胞培养、纯化技术；⑥结合制剂技术、智能医疗技术进展，发展鼻黏膜给药、口服给药、微针贴片等新型疫苗接种途

径及可穿戴即时监测设备；⑦发展基于动物法则、微流控芯片等疫苗安全性评价技术。

对重点发展方向进行布局，提高我国在灭活疫苗、减毒疫苗、亚单位疫苗、载体疫苗、核酸疫苗、病毒样颗粒疫苗、治疗性疫苗、广谱疫苗、多联多价疫苗、慢性病疫苗以及基于人群易感性的个体化疫苗方面的研发能力水平，实现创新研发艾滋病、乙型肝炎、结核等与民众健康密切相关的重大传染病疫苗，炭疽、鼠疫、埃博拉病毒病等与国家安全密切相关的新发突发传染病疫苗，并进行技术储备、产能储备、实物储备。

2. 早期诊断

恶性肿瘤、心脑血管疾病、代谢性疾病、罕见病等重大疾病是人类目前面临的最大健康威胁，发病率与死亡率持续上升，并耗费了大量的医疗资源，给患者家庭和社会造成了沉重的负担。重大疾病的早期发现仰赖于高风险人群的确定、高危人群的定期筛查和疾病早期诊断，但目前相关诊断产品缺乏，大部分的重大疾病难以早期发现。因此，提升恶性肿瘤、心脑血管疾病、罕见病、新发突发传染病等重大疾病的早期发现能力，是降低重大疾病临床危害的必要措施，对保障全民健康、促进社会经济发展具有重要意义。

现有的临床免疫和分子检测系统的技术平台大多建立在以往常规技术和宏观观测水平的基础之上，难以满足对复杂疾病生物学机制的探索。而这种从单一分子结构与功能出发再到临床验证的传统生物医学研究模式越来越难以应对癌症、心血管疾病、糖尿病等复杂疾病的挑战，无法满足很多新型标志物对于检测性能的要求。因此，必须以全新的思路和视角集成各领域最新成果，研究开发技术性能更强、观测维度更新的技术平台。

"十四五"期间，在早期诊断领域应重点开展：①基于大数据与人工智能的靶标发现新策略、新方法；②研发"高敏感、高通量、高普适性"的体外诊断新技术；③研发微生态快速便捷分析技术与全分析系统纳微化技术等关键技术；④研制体内、外单分子检测系统；⑤研发新一代基因序列分析仪等高端设备；⑥以智能感知为目标，以柔性传感技术为依托，研发微型化、智能化、网络化和多功能高度集成化的可穿戴/可吞服/可植入的诊断产品及健康状态监测装备。

通过对重点方向的研究，围绕重大疾病的早期诊断需求，构建以液质联用为核心蛋白质组定性定量研究技术体系，完成多种重大疾病蛋白质组表达谱、修饰组、代谢组数据采集。发展单分子检测、外泌体检测、循环肿瘤细胞检测、质谱成像以及肠道微生态功能检测等新型检测技术，构建重大疾病早期诊断标志物的适宜诊断技术平台；开发出简单、快速、低成本、自动化的血清游离核酸和外泌体高效提取纯化技术应用于临床；研究分子影像诊断产品，提高微小病灶的检出能力，实现在体分子分型与诊断。全面推动体外诊断技术向"微量、快速、超敏、智慧化和全信息化"方向发展，进而提升其医疗卫生服务水平，促进医疗健康服务模式的创新。

3. 治疗技术与药物

1）免疫治疗

免疫治疗已成为临床上治疗癌症、自身免疫性疾病的有效手段，但是，如何更好地调节免疫治疗、减弱其副作用、提高响应率仍然是现阶段免疫治疗面临的挑战。开发免疫治疗新技术、提高安全性、扩展免疫疗法的应用范围，对提高我国恶性肿瘤、自身免疫病等重大疾病治疗效果和降低疾病负担意义重大。

肿瘤免疫和自身免疫病机制研究尚待完善，现有肿瘤免疫检测点存在低反应率及耐药性的问题；而自身免疫病治疗缺乏有效靶点；免疫细胞治疗应用受限，缺少针对自身免疫病的细胞疗法；而 CAR-T 疗法在实体瘤治疗方面疗效较差，肿瘤特异性抗原较少，肿瘤微环境阻碍 CAR-T 浸润，抑制抗肿瘤应答，个性化治疗成本较高；免疫治疗疗效有待进一步提高，缺乏新的免疫治疗模式和策略。

因此，免疫治疗未来的重点方向包括：①免疫治疗新靶点的筛选和快速转化。开展基于人群队列的高通量筛选模型，结合人工智能和数字化靶点预测模型，开发基于免疫检查点的免疫治疗新技术，发现除程序性细胞死亡受体 1（PD-1）/程序性细胞死亡配体 1（PD-L1）之外的新免疫治疗靶点；基于多组学数据与人工智能算法，建立肿瘤特异性靶点及新抗原高通量、智能筛选、模块化鉴定体系。构建完整的免疫治疗动物体内验证体系，提高免疫治疗新靶点或新抗原的预测准确性，建立完善的药物筛选和转化平台，缩短新靶点药物研发周期，测试不同免疫检查点的组合使用策略，实现免疫治疗新靶点的快速转化。②开发新一代细胞疗法。结合不同疾病模型，开发针对自身抗原的调节性 T 细胞疗法。针对恶性肿瘤，构建能有效拮抗肿瘤微环境、具有肿瘤浸润能力的新一代免疫细胞，包括设计新型 CAR 结构及开发 CAR-T 疗法；利用基因编辑、诱导多能干细胞（induced pluripotent stem cell，iPSC）等技术开发通用型细胞疗法，降低细胞治疗成本。③肿瘤治疗性疫苗的设计与构建。基于智能化肿瘤新抗原预测方法，建立个体化新抗原肿瘤疫苗设计原则、合成制备方法；研究基因修饰的肿瘤细胞疫苗、肿瘤原位疫苗等新技术新方法。④落实免疫治疗的精准治疗，克服免疫治疗耐药。基于大队列免疫治疗患者的治疗效果，分析筛选与免疫治疗疗效相关的生物标记物，实现个体化免疫治疗，提高治疗效果。筛选与免疫治疗耐药相关的驱动因素，通过开发免疫治疗新靶点和新模式、运用联合免疫治疗方式克服耐药。

通过对相关技术的公关研究，最终实现构建免疫治疗相关标准体系，开发新的免疫治疗策略和免疫治疗新靶点，提高免疫治疗疗效，实现个性化精准治疗。显著提高我国恶性肿瘤、自身免疫病患者的生活和生存质量，减轻社会总体疾病负担。

2）抗体药物

抗体药物方面，自 1986 年首个鼠源单克隆治疗性抗体药物 Muromonab 获批上市，过去 30 多年全球抗体行业飞速发展，尤其是在 2014 年之后，随着细胞工程技术水平的提高，单抗药物数量以每年 10 个左右速度快速增加。截至 2018 年年底，全球已有 98 个抗体药物（包含已退市药物）获批上市。2018 年，全球共上市 14 个抗体药物，创历史新高。从已上市抗体药物的类型来看，目前人源化及全人源单抗已经是抗体药物主流。另外，随着抗体制备新技术的发展，双特异抗体、抗体偶联药整合物、纳米抗体等新型抗体逐渐崭露头角。2018 年，抗体偶联药物 Lumoxiti（moxetumomab pasudotox-tdfk，阿斯利康）、全球首个纳米抗体药物 Cablivi（caplacizumab，赛诺菲）相继上市，为抗体市场注入了新的动力。

从抗体药物治疗领域市场规模来看，以患者基数大、疾病机制研究成熟的肿瘤（包括实体瘤和非实体瘤）和免疫疾病（自身免疫病）为主，针对这两个疾病领域的抗体药物占据抗体市场规模的 82%。随着人们对疾病了解的不断加深、抗体技术的不断进步，抗体药物在心血管疾病、神经系统疾病、痛风、感染和神经系统疾病等非传统的抗体药物适应证领域将慢慢渗透，成为抗体药物发展的新方向。

抗体药物未来研究的主要领域包括：①肿瘤免疫抗体。肿瘤免疫治疗新靶点目前仍处于探索阶段，未来 5 年，肿瘤免疫治疗新靶点有望不断被验证。研发能力强、布局品种多、有能力同时开展多种适应证和组合用药临床试验的企业有望胜出。②双特异性抗体（bispecific antibody，BsAb）。作为新兴的抗体种类，双特异性抗体被视为肿瘤和癌症治疗前瞻性备选药物，但在技术和产业化上仍存在一定的技术难点。随着生命科学基础与应用研究的飞速发展，双特异性抗体的分子模式与制备技术也在不断演进，目前已发展出 30 多种双特异性抗体技术平台。③抗体偶联药物（antibody-drug conjugate，ADC）。ADC 通过靶向特定抗原，有效地渗透到肿瘤组织，并被肿瘤细胞吞噬进入溶酶体，释放效应分子，杀伤肿瘤细胞。其综合了抗体药物选择性强以及化疗药物活性高的优点，同时改善了前者副作用偏大等缺陷，随着设计逐步完善，ADC 已成为肿瘤研究的重点方向和研究热点之一。④纳米抗体。纳米抗体，即重链单域抗体——骆驼体内存在着天然缺失轻链的重链抗体，克隆其重链可变区单域（variable domain of heavy chain of heavy chain，VHH）即得到只由一个重链可变区组成的单域抗体，是目前可以得到的具有完整功能的、稳定的、可结合抗原的最小单位。与普通抗体相比，纳米抗体具有更高的稳定性，能耐受一定的高温和 pH。同时由于其分子量较小，结构简单，因此免疫原性较低，组织穿透力较好，在生产中也易于在噬菌体、酵母等微生物中大量表达，易于普及和应用。

3）基因治疗

随着合成生物学和基因编辑技术在细胞生物学和免疫学领域取得的突破性进展，以 CAR-T 技术和规律间隔成簇短回文重复序列（clustered regularly interspaced short palindromic repeats，CRISPR）技术为代表的基因治疗为罕见遗传病、恶性肿瘤、心血管疾病和自身免疫病等的治疗打开了一扇新的大门。然而作为一个新兴研究领域，基因治疗仍处于起步阶段，从基础研究到临床应用以及法律监管等多方面仍有很多工作有待开展。

基因治疗的重点在于理论突破，寻找新的治疗靶点。可基于多组学、临床研究大数据的分析挖掘，结合疾病的发生、发展的原理，建立疾病体外模型和基因筛选平台，开发新靶点。

基因治疗的重点发展方向包括：①研发新的基因编辑和修复工具；②通过系统优化筛选提高 CRISPR 系统的精准性；③开发、改造新的基因治疗病毒载体，减少免疫原性和毒副作用；④开展非病毒载体研究，寻求基因治疗的最优解决方案；⑤促进前沿学科融合，提高基因疗法的信息化水平和精准度，综合利用不断增长的基因疗法相关数据实现基因疗法的智能设计，提高基因疗法的安全性和治疗效果；⑥搭建基因治疗临床研究平台和工业生产平台，实现基因疗法的快速转化；⑦研发通用型 CAR-T 疗法、实体肿瘤基因工程细胞治疗产品，提高工艺生产水平，降低产业化成本，建设更加标准、高效的临床研究平台，推动更多产品向临床应用转化。

最终，在基因治疗领域构建健全的基因疗法管理体系，提高基因疗法的研发能力和智能化水平，提高基因疗法的安全性和有效性。快速推进基因疗法应用相关生产、临床研究平台建设和管理法规落地，使基因疗法更快地应用于重大疾病治疗，显著提高患者的治愈率和生存质量，缓解社会压力。

4）基于大数据和人工智能的精准药物设计

近年来，分子生物学和结构生物学快速发展，阐明了大量生物靶标大分子的三维结构和功能；计算机科学的发展和高性能计算机的出现，又极大地提高了数据计算、分析的速度和精度。在此基础上，实验学科和计算机学科的交叉和相互促进使得药物设计与开发更加理性化。大数据和人工智能有望从根本上革新研究生物学和药物开发的方式。通过大数据和人工智能更精准地模拟和预测药物分子与靶标蛋白之间的相互作用以及药物分子体内过程，我们可以深入了解这些药物和生物大分子详细的作用机制，加速新型药物分子或调控剂的发现进程。

"大数据"一词最初起源于互联网和信息技术行业，是指无法在可承受的时间范围内用常规软件工具进行捕捉、管理和处理的数据集合。目前，大量生命科学领域的数据，包括基因组学、转录组学、蛋白质组学、代谢组学等数据也同样具有数据量大（volume）、多样化（variety）、有价值（value）、高速（velocity）等大数据特点。人工智能（artificial intelligence，AI）与人类和其他动物显示的自然智能（natural intelligence，NI）不同，是指由机器显示的智能，是研究、开发用于模拟、延伸和扩展人的智能的理论、方法、技术及应用系统的一门新的技术科学。近年来，大数据与人工智能已经在多个生物医药应用中取得成功，包括生物标志物开发的重要领域（基因组学、转录组学、蛋白质组学、结构生物学和化学）以及药物研发等。

在过去的十年中，生物学和医学正在迅速变成数据密集型学科，高通量生物技术、医疗信息化以及信息技术的发展，产生了大量的生物医药数据。生物医药大数据的来源多样，涵盖临床医疗、公共卫生、医药研发、医疗市场、遗传学与组学研究等。最近，基因组学与社交媒体、在线视频和其他数据密集学科的比较表明，其在未来十年内将等同或超越数据生成和分析的其他领域。随着互联网和生物技术的快速发展，目前已经具备在系统生物学和系统药理学领域内收集、组织和分析这些大数据的条件。将这些数据合理地整合起来，能够促进对系统药理学与系统生物学的全面理解，并促进药物研发与精准医药的发展。另外，这些数据的多样性与复杂性给数据整合与充分利用带来挑战，深度学习作为人工智能领域重要的方法之一，其强大的自动特征提取、复杂模型构建以及图像处理能力，为解决生物医药大数据的分析处理和应用带来了新的机遇。

4. 康复及再造

1）再生医学

再生医学是指利用生物学及工程学的理论及方法制造丢失或功能损害的细胞、组织和器官，使其恢复正常组织和器官的结构和功能。利用再生医学的方法生产的功能细胞、组织或者器官，未来将在药物筛选、自身免疫病、退行性疾病和恶性肿瘤的治疗及衰老器官的修复等方面发挥越来越重要的作用，甚至更改现有诸多疾病的治疗方式，显著提高人类的健康，并形成巨大的产业链。因此，从医疗技术的角度出发，确立我国再生医学的中长期规划，具有重要的意义。

再生医学的相关重点方向包括：①各种器官修复所需功能细胞的规模化生产，并建立相应的储存、运输和质控体系，形成各种用途的细胞产品，并研发相应的智能化、规模化装备。②各种退行性病变或者衰老组织器官原位修复的机制、策略和功能评测手段。③自身免疫病、恶性肿瘤、代谢性疾病的再生医学治疗策略。④利用细胞产品构建类器官用于药物筛选、疾病模拟甚至移植治疗。⑤建立规模化生产人类神经元、心血管细胞、各种功能血细胞、肝脏、胰岛等器官功能细胞的策略，并形成其储存、运输、安全检测及功能评价细胞产品的系统性策略。⑥利用各种细胞产品进行规模化药物筛选，尝试构建神经、心血管系统、肝脏、肾脏等多种类器官，并进行组织和器官修复。⑦尝试利用细胞产品对自身免疫病、退行性疾病、恶性肿瘤以及心血管系统和代谢性疾病等重大慢性疾病进行临床治疗，特别是对帕金森病、脊柱损伤、糖尿病、急性心肌梗死、白血病等血液肿瘤以及肝癌、肺癌、乳腺癌等高发实体肿瘤进行治疗尝试。⑧各种来源于细胞的无核细胞产品如外泌体、红细胞、血小板、胞外基质凝胶及其衍生产品的规模化获得及临床应用探索。

通过相关研究，最终形成规模化生产再生医学细胞产品的产业链，利用多种再生医学细胞产品用于自身免疫病、退行性疾病、恶性肿瘤及心血管系统和代谢性疾病等重大慢性疾病的临床治疗及抗衰老治疗，建立基于再生医学理论的疾病研究、预防和治疗体系，提升我国人口健康质量和健康寿命年限。

2）组织器官制造

组织器官缺损、重要生命器官衰竭等重大疾病是影响人类健康的一大问题。目前临床上常采用组织器官移植的方法进行治疗。组织器官移植的效果较为显著，但也存在很大问题，供体来源不足和免疫排斥是其中较为突出的问题。组织器官制造技术不仅有望克服组织器官移植中供体不足和免疫排斥等问题，而且是进一步解决组织器官缺损修复和功能重建等问题的关键技术，对于提高人民群众生活质量，提升国家整体医疗产业水平具有重大意义。

组织器官制造的最大挑战是如何时空特异性控制细胞的生长、分化和三维组装，从而形成复杂有序的组织器官结构和功能。技术上的难点问题与瓶颈包括但不限于组织器官再造生物材料体系仿生构建，生物反应器系统仿生构建，工程化类器官仿生构建，3D 打印更复杂的符合临床相关尺寸的复合组织/器官结构，异种嵌合实现器官异体再造。

相关主要研究领域包括：①研发新一代生物材料，包括但不限于可诱导组织再生材料、异质性 3D 生物材料、纳米生物材料、智能与仿生生物材料等，建立组织器官再造生物材料系统。②发展脱细胞支架细胞回植、功能模块集成、生物反应器、类器官和器官芯片系统、3D 生物打印等多种技术体系，实现心、脑、肝、肾等复杂器官的体外制造，以及结构性组织的产品化。③发展大动物人源化器官制造技术，建立猪等大动物器官缺陷模型，以及具有异种嵌合能力的灵长类和人体干细胞系，解决异种嵌合过程中的免疫问题，通过异种嵌合实现器官异体再造。④集成前沿生物技术，融合材料、机械、化学、生物学、医学等多学科力量，建立组织器官再造工程中心，推进融合创新中心。⑤建立组织器官再造生物材料、生物反应器、类器官与器官芯片系统、3D 打印等多种技术体系；建立为异种器官再造服务的共享型器官缺陷模型库，以及具有异种嵌合能力的灵长类和人体干细胞系，解决异种嵌合过程中的免疫问题。

5. 中医药

1）中药制药装备

中药制剂工艺过程包括提取、分离、纯化、浓缩、干燥、灭菌和成型等方面，各工艺过程中影响因素众多、参数复杂、工艺重现性差，易造成中药制剂质量不稳定。中药制药企业生产工艺仍沿用一些传统技术，工艺粗放、效率低、能耗高，一些工艺方法对中药活性成分的适宜性差；生产过程中对工艺参数的优化主要根据经验进行调整，缺乏理论指导。

目前，我国制药装备行业的生产企业数、产品品种规格、产量均已位居世界前列，已成为名副其实的制药装备生产大国。产品除充分满足国内中西药厂、动物药厂及保健品厂需求外，还远销60多个国家和地区。但制药装备产品创新能力不强，行业整体生产工艺水平不高，高技术含量的产品不多，不仅工艺粗放，装备水平和自动化程度还低，缺乏有效的质控手段。

随着新版 GMP 的推进以及自动化程度提高，对药品质量保证的要求也将越发严格。制药装备制造企业应将这一过程控制思想引入装备的设计与制造，从而实现药品制造过程的质量可视化，以全面保证药品的质量。

制药装备的高效、低碳是国家对制造业装备研究开发的战略规划。中药制造业属于高能耗、高物耗（特别是水资源）、以热加工为主的过程工业，能耗费占总生产成本的20%~40%。随着我国构建资源节约型、环境友好型产业结构的不断深入，国家对中药产业节能减排、高效低碳提出了要求。通过先进的过程技术和装备，改造传统中药产业，降低生产能耗，提高生产效率，降低生产成本，是中药制剂行业首先需解决的问题。因此，低碳、经济、环保、高效的工艺技术和集成装备是中药制药行业发展的必然选择。

集成化与模块化和自动化与智能化是中药制药装备技术升级的重要方向。中药制药装备的现代化是中药现代化的基础，不断将先进制药技术与装备应用到制药生产中，提高中药的安全性、有效性和经济性，中药制药企业才能生存和发展，才能实现真正的现代化和国际化。随着国家相关法规对药品质量标准要求的提高，中药制药企业进行设备改造升级和自动化控制势在必行。研究和开发中药制剂工艺过程集成装备，适合集成的模块化单元设备及自动化和智能化控制技术，是中药制药装备研究的重要方向，也是实现中药制剂技术升级的重要途径。

中药智能制造关键技术的突破和应用，将有望从根本上改变中药制药工艺粗放、制药装备受制于国外厂商的现状，突破中药工业核心制造技术，实现自主智能成套设备的产业化，通过中药制造成套智能装备带动零部件、感知器件、信息系统、设计和控制软件等配套产业的全面发展，引领中药产业技术创新升级。中药智能制造技术发展的重点在于推进中药工业数字化、网络化、智能化建设，加强技术集成和工艺创新，加速中药生产工艺、流程的标准化、现代化。攻克中药全产业链制造过程中所涉及的工程技术问题，有助于提高中药制造业技术水平与规模效益，提升中药工业知识产权运用能力，逐步形成大型中药企业集团和产业集群，从而率先创建一批具有国际视野和技术创新能力的中药智能制造技术团队，培养一流的工程技术人才，形成我国独有的中药产业优质产品标准体系，构建我国中药制药工艺与智能装备开发、技术创新和产业化基地，实现中药制药工艺与装备"两化"驱动，绿色、智能发展，成为国际中药工业技术标准的制定者。

建议坚持科学发展观，立足中药产业现状，着眼长远，顶层设计，分段实施。以"提质增效、节能减排"和"信息化与工业化深度融合"为着力点，充分利用机械制造技术、制药工程原理、制药过程仿真模拟、信息技术、计算机控制技术和在线监测技术等新成果，创新制造或改造一批需求迫切、带动作用强的中药高效节能制药设备、符合中药特点的智能制造单元/成套设备和联动生产线及关键元配件，提高中药制药设备的自动化、智能化和信息化水平，形成系列的、具有自主知识产权的、标准化的中药制药设备新产品，并在中药制药企业实现推广应用，以持续推动装备制造企业和中药制药企业的智能化转型，构建我国中药制造业竞争新优势。建立优质中药产品的评价方法，推动优质优价的实施，加快实施优质产品市场激励机制，确保中药产品质量提升。

2）中药资源保护利用与中药材规范化种植养殖

实施野生中药材资源保护工程，完善中药材资源分级保护、野生中药材物种分级保护制度，建立濒危野生药用动植物保护区、野生中药材资源培育基地和濒危稀缺中药材种植养殖基地，加强珍稀濒危野生药用动植物保护、繁育研究。建立国家级药用动植物种质资源库。建立普查和动态监测相结合的中药材资源调查制度。在国家医药储备中，进一步完善中药材及中药饮片储备。鼓励社会力量投资建立中药材科技园、博物馆和药用动植物园等保育基地。探索荒漠化地区中药材种植生态经济示范区建设。

制定中药材主产区种植区域规划。制定国家道地药材目录，加强道地药材良种繁育基地和规范化种植养殖基地建设。促进中药材种植养殖业绿色发展，制定中药材种植养殖、采集、储藏技术标准，加强对中药材种植养殖的科学引导，大力发展中药材种植养殖专业合作社和合作联社，提高规模化、规范化水平。支持发展中药材生产保险。建立完善中药材原产地标记制度。实施贫困地区中药材产业推进行动，引导贫困户以多种方式参与中药材生产，推进精准扶贫。

3）构建中药质量保障体系

中药生产是一个从药材栽培到临床用药的多环节复杂过程。全产业链保证中药的安全、有效、稳定和可控是一项相当困难的系统工程。由于作为中成药原料的中药材本身的农产品属性，因此中药药企面临着农药残留超标、重金属含量超标、品种/品质退化等问题，极易成为进入海外市场后某些国家设置贸易壁垒的打击对象，同时也影响下游产业链的良性可持续发展。近年来因假药、劣质药等导致的伤害事件频繁发生，引起了全社会的关注。因此，亟须构建系统的中药质量保障体系及流通质量追溯系统，针对中药材、饮片、中成药及相关健康产品实行有效准确的评价，推动"优质优价"，确保消费者权益，最终实现质量保障体系的技术共享，并构建面向全社会的中药质量保障信息平台。

4）构建基于中药复方临床价值、符合中药特点的整合研究模式

充分汲取系统生物学、网络药理学等现代前沿学科技术，集中突破中医药科学研究的方法难点，促进中医药研究策略、方法、技术的革新，深入认识中医药复杂系统与人体生命复杂系统的交互作用，全面提高中医药复杂体系研究水平，不断夯实中医药发展的科学基础和关键技术支撑。重点突破中药复方药效物质快速辨识及复杂调控机制挖掘关键技术、中医证候的临床生物标志物发现关键技术、中药方剂组分新药发现关键技术及多组学综合应用的中药研发整合模式等。

基于生物信息数据库，建立证候-证素、证素-症状、症状-基因的异质化网络，建立网络化的、多维的证候评价体系；突破多种病症结合模型和模式生物的构建和评价、中药痕量效应成分分析和体内效应成分制备技术，建立中药多节点、多维可视化特征网络以及"药动-药效"整体动物中药药效评价新体系，实现多层次、多维度的中药有效性综合评价，更加合理、准确地表达中药作用效果。

5）中医药海外发展

加强中医药对外交流合作。深化与各国政府和世界卫生组织、国际标准化组织等的交流与合作，积极参与国际规则、标准的研究与制订，营造有利于中医药海外发展的国际环境。实施中医药海外发展工程，推动中医药技术、药物、标准和服务走出去，促进国际社会广泛接受中医药。本着政府支持、民间运作、服务当地、互利共赢的原则，探索建设一批中医药海外中心。支持中医药机构全面参与全球中医药各领域合作与竞争，发挥中医药社会组织的作用。在国家援外医疗中进一步增加中医药服务内容。推进多层次的中医药国际教育交流合作，吸引更多的海外留学生来华接受学历教育、非学历教育、短期培训和临床实习，把中医药打造成中外人文交流、民心相通的亮丽名片。

扩大中医药国际贸易。将中医药国际贸易纳入国家对外贸易发展总体战略，构建政策支持体系，突破海外制约中医药对外贸易发展的法律、政策障碍和技术壁垒，加强中医药知识产权国际保护，扩大中医药服务贸易国际市场准入。支持中医药机构参与"一带一路"建设，扩大中医药对外投资和贸易。为中医药服务贸易发展提供全方位公共资源保障。鼓励中医药机构到海外开办中医医院、连锁诊所和中医养生保健机构。扶持中药材海外资源开拓，加强海外中药材生产流通质量管理。鼓励中医药企业走出去，加快打造全产业链服务的跨国公司和知名国

际品牌。积极发展入境中医健康旅游，承接中医医疗服务外包，加强中医药服务贸易对外整体宣传和推介。

6）"互联网+"推动中医药发展

目前我国利用互联网发展中医药的研究还不够全面、不够系统。第一，对"互联网+中医药"新模式的理解不够深刻，思维较为局限。现有的研究多将成形的"互联网+医疗"模式照搬至中医领域，而不是基于中医的特色探讨其他互联网模式，如中医药文化旅游、主题体验等。第二，实证研究较少，多为描述性和理论性分析，或者方法学理论研究，缺少实际应用的证据与方案效果评估。第三，现有研究多将中医药作为一个整体，对中医药文化的不同内容和类别不予区分，所提出的发展手段虽具有普适性，但同时也缺乏个性化和精准化。极少数学者提出了应根据中医药显性知识和隐性知识不同的特点而采取不同的传承方式。第四，现有研究重经验传承轻技术创新。对普通中医药理论知识及名老中医经验传承的相关研究占大多数，而对互联网创新中医药技术发展，如针灸技术、炮制技术等中医药特色疗法的研究较少。

互联网时代为中医药的发展带来了新的契机，找到互联网与中医药的结合点，全面构建中医药的互联网生态网，是"互联网+中医药"的真正内涵。

构建全景式互联网中医药平台将加速推动中医药的发展。"全景式"是指在内容上囊括中医药知识结构的完整内涵，在流程上贯穿传承的所有链条，在功能上渗透生活的各个方面，在资源上覆盖相关的医院和高校，在形式上构造网站、APP和微信公众平台的全生态体系，建立线上线下连接的、立体式的互联网平台。充分借助"互联网+"的时代潮流和发展机遇，是我国中医药未来发展的必经途径。

二、生物制造产业重点发展方向及目标

1. 能源生物炼制

生物能源作为一种可再生能源，可替代传统能源，能够大规模开发，有利于保护环境和解决能源危机，进而带动新兴生物能源产业的发展。生物能源的开发利用是我国能源可持续发展规划的重要内容，同时也是我国 21 世纪能源发展战略的重要方向。发展生物能源是增加能源供给，维护国家能源安全的重要保障；发展生物能源是降低碳排放，实现社会经济可持续发展的重要保证；发展生物能源是改善土壤污染，扭转耕地不足的有效途径；发展生物能源是提高农民收入，推动农村经济转型升级的重要方式。

在能源生物炼制领域针对难点问题与技术攻关点主要部署包括以下内容。

（1）针对以粮食生产生物燃料的不可持续性问题，实现逐渐向非粮经济作

物和纤维素原料综合利用方向转型，并适时布局以甲烷、一氧化碳、二氧化碳（CO_2）等为代表的一碳气体和油藻为原料生产生物燃料的新技术，预计至2035年，将基本建成以纤维素原料为主、油脂和含碳气体为辅的多种生物能源组成的生物炼制产业体系。

（2）针对我国核心菌种和关键酶上受制于人的问题，利用合成生物学和分子生物学手段，挖掘新型能源酶和构建高产高耐受菌株；利用生物信息学和计算生物学技术整合各种组学数据，建立工业生产菌株的代谢网络和调控网络模型，优化工业生产菌种的发酵生产能力，获得一批具有自主知识产权的新型工业生产菌株。

（3）针对当前生物燃料企业生产效率、经济效益低于国际先进企业的问题，突破共性关键技术，提高现有装置产能，提升设备利用率、各操作单元转化效率；采用表面固定化发酵、渗透汽化膜分离、厌氧移动床生物膜反应器（anaerobic moving bed biofilm reactor，AMBBR）废水处理等新工艺技术，提高生产效率，降低环保成本；精细化考量原料的多元化、合理分配和分级利用；能量的耦合优化；开发相应新型设备，并灵活应对嵌入式或整合式的不同需求；开发利用相应副产物，以多产品组合缓冲市场冲击。

（4）针对我国生物燃料产业化基础薄弱的问题，如纤维素乙醇和生物天然气项目建设仍需引进消化吸收国外先进经验，探索自身发展路径，验证技术与经济的可靠性，推动行业整体产业化发展。

（5）针对商业模式不成熟与产业支撑体系不健全的问题，建立完善的农作物秸秆收储运模式，确立下游产品的绿色属性，打通产品市场；在产业政策上，完善相关扶持与激励政策，建立相关产品强制市场保障措施与机制，形成稳定的市场需求；在行业标准体系上，建立完整的行业标准体系目录，建立原料收运、产品生产及副产物再利用等全过程的环保监管与执法监察体系，规范行业发展。

2. 化工产品与材料的生物制造

重大化工产品及材料的生物制造是实现产业升级、增强国际竞争力的关键技术保障；是促进可再生资源替代石化资源、实现社会经济可持续发展的重要保证；可有效降低环境污染，缓解我国环境恶化，实现循环经济。

1）化工产品与材料的生物制造领域存在的主要难点问题与瓶颈

（1）核心菌种和关键酶上受制于人：工业菌种和工业酶是生物制造的核心，加强核心工业菌种和工业酶的创制是保障生物产业创新发展和具备市场核心竞争力的关键。我国工业菌种和工业酶的知识产权受制于人，对国内生物制造产业发展和国内企业参与国际市场竞争造成了巨大阻碍，对我国生物产业安全发展造成极大威胁。工业菌种、生物催化剂牢牢卡住了我国生物制造产业的咽喉，我国生物制造产业的发展绝不能走信息产业"缺芯"的老路。

（2）部分化工原料和高端材料进口依存度高：中美间爆发贸易争端后，我国许多核心化工产品与技术"受制于人"的现象明显，折射出当前我国化工领域在产品、技术、产业与知识产权方面存在着诸多问题。对二甲苯、尼龙等对国民经济有重大影响的高端产品高度依赖进口的重大缺陷，给我国的经济和国防安全带来了巨大的挑战。

（3）以木质纤维素、CO_2 等为代表的非粮生物质原料的转化利用仍存在瓶颈：存在原子经济性差、产品附加值低、生产成本高、市场竞争力不强的问题。亟须在生物质转化途径设计的基础理论和高原子经济性的生物转化技术及生物炼制技术方面取得突破，在事关国计民生的重大化工产品领域创新原料路线和自主的生物制造工艺方面，占据战略制高点，实现"弯道超车"。

（4）产业化基础薄弱、产业链尚未有效形成：化工及材料产品门类多，现有产业规模小、分布散，未能形成规模优势，竞争力较差。发酵工业、化学工业、材料工业以及塑料制品、纺织化纤等缺乏协调推进。

（5）多数产品尚无标准，政策激励有待加强：生物基化学品及材料是一个新的产业领域，起步较晚，多数产品尚未制定标准，产业标准体系亟待建立。绿色生物产品优先采购、政策补贴等政策尚未到位。

（6）面向未来的生物制造前瞻技术储备不足：与欧美等发达国家相比，我国战略架构、核心技术、关键装备还存在差距，以人工智能、过程强化等为代表的新时代前沿学科交叉布局明显不足，应加快生物制造战略性布局和前瞻性技术创新，以先进生物制造推动"农业工业化、工业绿色化、产业国际化"，促使我国走新型工业化道路，以实现财富绿色增长和社会经济可持续发展。

2）化工产品与材料的生物制造领域技术攻关重点

（1）基于系统生物学和合成生物学的微生物代谢网络重构与调控技术：针对代表性产品的工业生产菌株进行基因组测序与重测，利用生物信息学和计算生物学技术整合各种组学数据，建立工业生产菌株的代谢网络和调控网络模型；计算目标化合物各条生物合成路线的能量供给、还原力平衡以及产物的理论产率，理性设计出目标化合物合成的最优路线；模拟预测网络中的重要途径及关键分支节点，进行网络重构和系统优化；在分析代谢途径网络结构和功能模块的基础上，发展全局扰动、多位点快速进化和基因组删减技术，优化工业生产菌种的发酵生产能力，赋予工业生产菌株粗原料利用、新产品合成等新型生产功能以及可明确界定知识产权的基因组标记，获得一批具有自主知识产权的新型工业生产菌株。

（2）基于计算机结构模拟的生物催化剂分子模拟、修饰及改造技术：利用酶蛋白-底物共结晶、X射线衍射、核磁共振（nuclear magnetic resonance，NMR）等最新的蛋白质工程技术研究获得的优良工业酶蛋白精细结构，借助生物信息学手段，包括同源建模、量子化学建模和 Rosetta 设计方法，获取酶的序列、结构和功能关系，解析与工业应用性能相适应的催化位点信息，实现工业酶分子改造的理性设计，同时结合饱和突变、结构域重排等定向进化技术，进一步提高酶对高温、酸、碱、有机溶剂和表面活性剂等工业环境的耐受性，获得更适合绿色工艺应用的高性能工业生物催化剂。

（3）基于非粮生物质的生物炼制关键技术：研发各种生物质原料的高效预处理技术，建立以可再生非粮生物质资源为原料的生物制造路线，促进化工产品及材料原料的多元化，降低战略资源的对外依存度。

（4）基于细胞集群的连续生物催化关键技术：大力发展具有自增殖、自修复功能的生物催化剂以及基于细胞聚集效应的新型生物连续催化技术及相应的装备开发，实现生物制造过程的连续化、清洁化生产。

（5）基于大数据的新一代生物发酵技术：建立基于生物过程大数据的发酵优化新方法；将生物过程多组学数据与细胞微观代谢流研究结合，寻找菌种改造靶点和过程优化控制点；建立基于系统生物学分析与在线过程参数相结合的过程优化；实现高产细胞亚群在线分选提升合成效率的全过程优化；建立规模缩小的新一代微生物发酵优化策略。

（6）大宗化学品衍生催化转化技术：突破生物催化剂改造、高性能固体酸/碱化学催化剂开发、生物-化学级联交叉耦合等技术，促进大宗生物基产品的高值衍生化的工业化应用与生物制造产业链的形成。

（7）高效分离材料及智能装备开发技术：研发具有自主知识产权的高性能超滤、纳滤、渗透汽化及离子交换等膜分离材料，开发生物反应-膜分离耦合新工艺，开发高分辨率精细分离介质、高流速超大孔分离介质及低成本多糖分离介质，形成规模化制备技术；开发无酸碱再生的智能化连续色谱分离技术及装备，开发晶型与粒度可控的结晶新技术与专用装备，实现生物反应过程强化，提高生物制造效率，降低生物基产品成本。

（8）基于计算模拟和过程解析的操作单元适配与系统集成技术：通过过程集成，达到简化工艺、降低成本、减少污染和降低能耗的目的是酶制剂和生物催化产品工业化生产的技术难点。通过计算模拟对各个操作单元自身的特点和规律进行总结，分析多个系统之间相互适配与协同的作用机制，找出集成的适宜切入点和关键点，采用综合手段对过程进行数学模拟和优化，通过系统集成技术实现各个操作单元的最优匹配和全局最优，提高工业化效率。

（9）过程强化技术：生物制造过程涉及小分子间及小分子与大分子间的反应，其对传质效率的要求比传统化学反应更高，尤其在反应后期底物浓度较低时，反应效率低导致反应过程时间很长，从而导致副反应的发生及生物分子的失活。因此，需开发高效过程强化技术，突破分子间传质效率低的技术瓶颈，以实现生物化工过程高效转化。

3）生物基大宗化学品制造产业领域重点工作

目前生物基大宗化学品制造产业正处于技术攻坚和商业化应用的关键阶段，提升技术创新能力和加快产业化进程至关重要。我国亟须在产品结构、核心关键技术和装备研发、知识产权竞争等方面积极做好战略部署。

（1）着重在产业结构优化与升级上进行战略部署：我国目前生物基大宗化学品及材料产业结构面临的主要难点和瓶颈问题是技术门槛较低，同质化竞争严重，产业利润率偏低，精细化程度不高，特种、高端化学品与材料开发欠缺，众多核心化工产品与技术"卡脖子"现象日益凸显。从 2020 年到 2035 年，产业结构调整的攻关重点是下大力气推进化工基础和高端精细材料向先进生物制造转型。通过进一步工业菌株改造与优化，预期在 2025 年之前实现 10%化学品的生物制造替代化工制造，现有有机酸、醇等拳头产品生产成本进一步降低10%，产业规模持续壮大，提升国际同行业竞争力。预期在 2030 年之前实现一批高度依赖进口的"卡脖子"大宗化工品的绿色生产，诸如完成对二甲苯、对苯二甲酸等重要苯基化合物的工业化生产；完成 20%化学品的生物制造替代化工制造。预期在 2035 年之前完成对生物基大宗化学品制造原料的替代革新，力争克服木质素、纤维素、CO_2 等原料的转化利用的瓶颈，提升原子利用经济性；完成 30%化学品的生物制造替代化工制造；产业增加值占国内生产总值比重达到 30%，重塑制造业国际分工格局。

（2）着重在核心关键技术和装备研发上进行战略部署：我国目前生物基大宗化学品及材料产业在核心关键技术和装备研发上面临的主要难点和瓶颈问题是知识体系不完善、关键技术和装备研发投入不足、大量工业菌种和工业酶受制于人，人才培育和储备欠缺。未来 20 年我国生物产业核心技术和装备研发上的攻关重点是完善和优化整个产业知识体系，加大创新投入和人才培养。预期 2025 年在国内初步实现核心生物基大宗化学品及材料的相关产业链条与组团，完成各高校、科研院所和企业相关人才队伍的组建。产业增加值占国内生产总值比重达到 10%，带动新增就业 50 万人以上。预期 2030 年在国内完成建设国家工业酶数据中心、工业菌种保藏中心、微生物基因组数据库等战略资源平台，实现产学研资源的互补与共享。预期 2035 年之前实现生物基大宗化学品及材料的全套自主研发体系，包括平台菌株筛选、遗传改造技术、工业菌株优化、核心酶元件设计、产品规模化生产与分离等方面。建成一批重大产业技术创新平台，产业创新能力跻身世界前列，在若干重要领域形成先发优势，产品质量明显提升。

（3）着重在知识产权竞争上进行战略部署：我国目前生物基大宗化学品及材料产业在知识产权竞争上面临的主要难点和瓶颈问题是大量产品的相关专利技术被美国、日本、欧洲等发达国家或地区企业所把持，国际化竞争处于劣势。专利数量和质量与国外企业相比还存在较大差距。知识产权意识薄弱，相关政策法规还有待进一步完善健全。未来 15 年攻关重点是大力加强产业创新和促进全行业产权意识的觉醒。预期在 2025 年通过优化现有产品和开发全新产品，使专利授权数目力争增长 15%，专利质量进一步提高，国际市场竞争力进一步加强。预期在 2030 年通过大力推进引领性新技术、重大战略新产品以及重大应用关键技术，完成建立生物技术领域基础通用国家标准，研发专利力争增长 20%，大幅提升国际市场话语权。预期在 2035 年之前，实现发明专利拥有量年均增速达到 25% 以上，在国内建成产业相关的知识产权保护体系，消除政策和法律盲点。科研与企业单位逐步确立产权意识，创新成为整个行业的主旋律。企业在国际竞争中变得更为主动和自信，基本攻克"卡脖子"难题，实现国际竞争中的"领跑"。

3. 生物反应器及装备技术

1) 微小型生物反应器

生物产品在进入过程研发阶段以后，通常需要先对数百细胞株进行初筛，再对其中优选的数十个细胞株进行复筛。这个过程目前最广泛使用的依然是摇瓶实验。但摇瓶实验与工业规模的发酵罐相差较大，导致摇瓶复筛所得的菌株往往并不是真正的最优细胞株。微小型生物反应器与常规小发酵罐类似，可准确监测和控制工艺条件，能自动化控制、平行性好，能够准确模拟菌体生长动力学和产物变化，并具放大性。除了微小型生物反应器所能实现的高通量特性，开发工艺所提供的工艺参数，也具有更高的质量，其工艺具有更好的可预测性、易放大性、宽泛的适用性，能够满足新一代工艺研发的要求。

相比传统的菌种筛选与工艺研发过程，微小型生物反应器具有如下关键优势：①时间短，花费少。实现高通量技术平台，极大地节省时间和花费。②结果更准确。因其筛选环境与实际生产过程中的培养环境非常接近，更易于获得真正优良的细胞株。③所得信息更多。在菌株筛选以及早期的工艺优化与研发过程中，就可以实现对工艺过程、菌株细胞特性的深入了解，为其后的工艺放大与生产提供高质量基础数据。④可预测性高。高通量、新的实验设计与数据处理在微小型生物反应器的综合应用，使得工艺研发过程对生产过程中细胞株的表现具有了可预测性。

2) 大规模细胞生物反应器

1995~2011 年，欧洲药品管理局（European Medicines Agency，EMA）所批准的所有生物医药中，78.3% 的份额需要用细胞培养技术来生产，而生物反应器是实现各类细胞培养的技术基础。中国仓鼠卵巢（CHO）细胞、大肠杆菌、酵母细胞占到了欧盟 EMA 所批准的生物药生产用细胞系的 83.4% 以上。哺乳细胞反应器内悬浮培养技术、无血清培养技术、固定床微载体培养技术等是当前世界范围内各大生物制药公司产业化生产疫苗、抗体和重组融合蛋白等生物医药的首要选择和发展方向。多种细胞培养技术对生物反应器有着多样性的技术要求和培养规模需要。近几年来，随着生物制药行业对过程分析技术（process analytical technology，PAT）认识的逐步深入，PAT 技术也逐步运用到生物药品研发生产与质量管理等方面。2004年，美国 FDA 发表了关于 PAT 的工业指南——《PAT——创新药物的研发，生产和质量保证的框架》，明确了 PAT 的地位与作用。全球生物医药产业和新型治疗技术手段日新月异的发展对规模化哺乳细胞培养技术和装置提出了更高的要求，包括生产效率的提高、产品质量和安全性的稳定、生产过程成本的降低、个体化细胞培养生产模式的临床应用等。

3）细胞治疗用生物反应器

传统研究中，人们利用二维（2D）培养的肿瘤细胞或小鼠肿瘤模型以及来源于患者个性化原代肿瘤组织的肿瘤移植模型来研究肿瘤发病的分子过程和药物的作用机制。但这些培养方式存在明显缺陷，无法重现体内环境中肿瘤组织中的营养物传质限制等微环境。肿瘤三维（3D）培养物，或称肿瘤多细胞球（multicellular spheroid）或肿瘤类器官（organoid），是最新的肿瘤研究模型。它能够克服诸多传统 2D 培养的限制，最大限度地模拟活体肿瘤组织的异质性特点。因此，肿瘤 3D 培养物与 2D 培养物相比，与体内肿瘤具有更接近的生理结构和功能特点，对药物的反应也具有更好的同步性。

针对免疫细胞和干细胞的工程化培养开展相应生物反应器的研制也是占领生物医药产业制高点的重要战略方向。干细胞能够持续分裂并维持多能干性，并且具有分化成不同类型的功能细胞的特性，使其在治疗各种损伤和疾病中具有巨大的潜力。特别是 2012 年诺贝尔生理学或医学奖获得者 Shinya Yamanaka 发明人工诱导多能干细胞（induced pluripotent stem cells，iPSCs）后，由此绕开了多能干细胞的伦理和免疫排斥问题，为再生医学治疗退行性疾病和代谢性疾病铺平了道路。目前用于干细胞扩增的生物反应器主要有旋转壁式生物反应器、搅拌式生物反应器、灌注式生物反应器、气升式环流中空纤维膜生物反应器、灌注式中空纤维膜生物反应器、滚压载荷生物反应器。美国博雅生物旗下 ThermoGenesis Corp.（简称 TG 医疗）已开发出为满足干细胞库需求而设计的专有自动化平台，包括 AXP、AXP（Ⅱ）和 BioArchive。这一平台占据了全球主要市场份额，支持着数百家干细胞机构以及生物科技公司的发展。另外，其开发的功能封闭、自动化、低成本的 CAR-T 制造系统，集临床级细胞分离、纯化、培养、洗涤和制剂于一体，囊括了 X-Series™产品，如自动化单个核细胞分离系统 X-LAB™、基于专利浮力分离法的自动化细胞纯化和筛选系统 X-BACS™、封闭式自动化细胞清洗与制剂系统 X-WASH™等。

国际上微流控反应器的研究已经非常深入，并且已形成商业化的产品。例如，德国亚琛工业大学设计开发的 BioLector®已经形成品牌并成立了公司，进行市场推广，重点解决生物过程高通量筛选及过程开发中对于微型自动可控生物反应器的需求。此外，已经形成一系列关于微流控生物反应器用于组织细胞工程、细胞培养、高通量筛选等的专利。尤其在微反应器结构设计、过程重要参数如 pH、溶解氧含量、菌体浓度的在线检测等都已形成相应的技术，然而真正将其应用于生物过程的工业应用中还未见报道。不过，采用微流控技术连续化的商业化的微反应器已经在化工过程中得到应用，并且展示出非常好的安全性及装配灵活性等优点，如美国康宁公司的微反应器在化工领域的产品已经在国内开展推广业务。

4）面向精准医疗的定制生物反应器

以恶性肿瘤治疗和器官修复为目标，重点突破个性化肿瘤细胞、个性化/通用性免疫细胞，自体和异体干细胞、个性化类器官等功能细胞或者组织/器官三维规模化培养、扩增与临床前质控等关键技术瓶颈，开发具备多种生理和形态参数实时在线检测、可视化和在线调控的定制化细胞培养用生物反应器、3D 打印器官再造生物反应器、高通量连续流微生物反应器等，实现治疗性细胞、组织、类器官的精确三维体外培养，推进我国精准医疗和智能生物制造领域的跨越式发展。

第四章　面向 2035 年的生物产业技术预见及产业发展路径研究

一、面向 2035 年的生物医药产业技术预见及产业发展路径研究

2035 年，将是生物医药技术蓬勃发展乃至出现颠覆性技术的重要时期：预计在干细胞治疗、人造器官等关键技术上将产生突破；在退行性疾病、脊髓损伤、心肌梗死、脑卒中等重大疾病方面将探索出里程碑式的治疗方法；慢性病干预节点提前；逐渐阐明衰老机制并发明延缓干预的手段；随着基础研究的不断深入，也将发展出一系列全新的治疗理念和治疗药物，将对满足我国人民对美好生活的向往发挥重要作用。

1. 新型疫苗和改造传统疫苗

作为疾病预防的重要手段，疫苗主要面向传染性疾病、肿瘤、免疫代谢疾病等重要临床需求，解决传统药物所不能解决的问题，在国家控制传染性疾病、重大医疗急救、重大灾害疾病防控中起着不可或缺的作用，成为现代制药工业中发展最为迅猛的增长点，同时还是我国战略性生物防御体系的主要组成部分。目前我国能够生产可预防 30 种疾病的 56 种疫苗，但还有十三价肺炎多糖蛋白结合疫苗、人乳头瘤病毒疫苗、四联疫苗、五联疫苗、脊髓灰质炎灭活疫苗等我国人民群众急需的新产品还不能满足市场需求。急需通过大力研发，推进我国自主知识产权的新产品上市来满足我国人民群众的重大需求。

因此，国家一直高度重视疫苗产业的发展，2011 年国家发展和改革委员会等六部委及国家食品药品监督管理局联合出台了《疫苗供应体系建设规划》，对疫苗产业进行了全面部署。《国家中长期科学和技术发展规划纲要（2006—2020 年）》把坚持预防为主作为保障我国人口健康的发展方向。2011 年经 WHO 专家评估，中国疫苗国家监管体系通过 WHO 评估，2014 年通过再评估，中国疫苗国家监管

体系达到或超过世界卫生组织按照国际标准运作的全部标准。

在国家政策的支持和引导下，我国疫苗产业虽已取得了长足的进展，但随着全球经济一体化和社会的迅速发展，抗生素滥用、大气污染等多种因素影响，传染病的多发和高发态势仍然没有得到根本改变，生物恐怖的危害也不断加剧，一些重大疾病及新发、突发传染病，如艾滋病、流感、登革热、手足口病、埃博拉病毒病等仍严重威胁着人类生命健康。我国疫苗产业的自主创新能力、新产品转化、关键核心技术应用、规模化生产技术能力以及国际化拓展等方面，同发达国家相比仍有一定差距。因此我国亟须开展疫苗研发新技术和重大疫苗品种的研究，加快疫苗品种国际化进程，进而促进我国生物技术产业结构战略性升级，保障我国社会和经济平稳发展，提高国民健康水平及平均寿命。

2. 抗体药物和蛋白质药物等生物技术药物产业化

在恶性肿瘤、心脑血管疾病、神经退行性疾病、糖尿病、自身免疫性疾病等发病率居高不下的大背景下，生物技术药物已经成为全世界增长最快的药品种类。

目前我国抗体药物市场发展严重不足。其他有待成长的领域还包括骨科、心血管、呼吸等领域。国内抗体药物市场主要由外资主导，截至 2020 年我国仅有 12 个国产单抗上市，而国内产品中又有 3 个为鼠源单抗，由于副作用较大，已基本退出市场。2018 年的数据显示，进口抗体药物仍占主导地位，国内市场基本被进口产品垄断。从 2014 年起，中国成为全球第二大医药市场，但单抗药物市场份额（包括进口药物）仅占 1%。与全球医药市场相比，我国抗体药物市场渗透率仍有较大的提升空间。

3. 重大疾病诊断和检测技术与产品开发

体外诊断是现代医学的核心支柱之一，其技术和产品的研究一直是各国发展战略的前沿热点，也是我国长期发展战略的重要组成部分。早期筛查发现疾病的迹象，就可以提前采取干预措施，预防疾病发生或为疾病治疗争取时机。以肿瘤为例，肿瘤诊疗时每提前一个临床分期，其 5 年生存率可提升 20%～30%。早诊早治和精准治疗的关键在于早期诊断和精准诊断，在生物技术不断发展的基础上，发现新型诊断靶标、发展新型诊断技术，可以显著提高早诊早治和精准治疗的水平，为保障人民健康提供重要手段。

至 2035 年，我国预期发现并应用一批新型体外诊断靶标，突破新型诊断技术，国产自主创新诊断产品占到国内市场的 70% 以上；体外诊断技术的居家应用、可穿戴化乃至可植入化，以及自动化、智能化和泛方法学化，可实现民众健康疾病状态的实时监测，并在人工智能决策的辅助下实现疾病的快速确诊和干预治疗手段的快速制定；自主原创产品全数字正电子发射断层成像（positron emission tomography，PET）、计算机断层扫描（computed tomography，CT）等新型医学影像装备取得重要突破，初步达成医疗健康服务模式从"以医院为中心"到"以人为中心"的转变。

4. 基因治疗、细胞治疗等生物治疗

2015 年，我国新发的恶性肿瘤病例 429.2 万，死亡 281.4 万，预计到 2030 年癌症病发将达 500 万人，死亡人数将达 386 万人。我国肿瘤的诊断和治疗水平与美国、欧洲、日本等发达国家或地区相比差距很大，我国的肿瘤 5 年生存率总体不到 30%，而欧美等发达国家或地区的肿瘤 5 年生存率为 50%~60%。晚期肺癌、脑胶质瘤、肝癌、胰腺癌等严重威胁人类健康的恶性肿瘤现在还缺乏有效的治疗办法。同时，我国大约有 5000 种遗传性疾病缺乏治疗手段，而基因治疗在先天性失明、重症联合免疫缺陷、重症肌无力、重度血友病等难治性遗传性疾病治疗方面显示出了独特优势。目前全球每年恶性肿瘤、自身免疫性疾病的治疗市场超过千亿美元。因此，生物治疗产业具有非常大的市场空间。

基因治疗和细胞治疗技术的研发是近两年全球范围内最火热的领域，目前我国有 6 项干细胞治疗产品在开展不同阶段的临床试验，核酸药物研发与世界保持同步。

面向 2035 年，我国应围绕恶性肿瘤、难治性遗传性疾病等免疫相关疾病开展生物治疗研究。主要包括：开展免疫微环境调控机制与方法研究。大力发展恶性肿瘤的新型细胞治疗技术，重点研发实体瘤细胞治疗技术和相关产品，攻克通用型的细胞治疗技术及产品研发，以及多靶点细胞治疗产品，提高细胞治疗效果，降低治疗费用。开展基于组学的肿瘤新抗原研究，研制个体化的肿瘤主动免疫治疗产品。研制肿瘤原位核酸疫苗、肿瘤干细胞疫苗等新型的肿瘤治疗性疫苗。研发自身免疫性疾病的免疫细胞治疗产品，如调节性 T 细胞治疗产品等。开发基于免疫调控机制关键节点的创新药物。

同时，将针对血友病、先天性黑矇、重症肌无力、重症免疫缺陷等重大遗传性疾病和恶性肿瘤等重大的难治性疾病，开展基因治疗研究。主要包括：重点推进疾病机制研究、新靶点发现、基因治疗载体研究及新型的基因编辑技术研究等。开发靶向性好、安全性高、表达效率高的基因治疗产品，不断降低基因治疗产品的生产成本，推动基因治疗产品研发和临床应用。开展新型的基因编辑技术及体内靶向递送研究，研发新型的基因编辑治疗技术及产品。开展非病毒载体研究，提升其靶向性、规模化制备及质控技术研究，研发新型的非病毒载体相关的基因治疗产品。开展溶瘤病毒基因治疗产品研究。

5. 再生医学技术与应用

我国因创伤、疾病、遗传、衰老等因素造成的器官缺失很多，再生治疗和康复存在巨大的市场空间，预计可培育 500 亿元规模的市场。

再生医学领域，面向 2035 年的长期发展需求，我国应当创新发展包含原位

信息、表观信息等多种单细胞组学检测新技术，建立活细胞水平的高内涵检测技术，重点突破细胞命运变化和细胞维持条件相关新算法，产生转录调控与功能细胞新理论，实现细胞状态的数字化模拟计算技术；发展三维培养的功能细胞获得技术，创新化合物诱导功能细胞获得技术，在实践中形成新理论框架；实现并应用体细胞重编程技术，利用小分子药物等调控体内细胞发生定向细胞命运改变，获得或改善体内器官、组织的功能；针对重大疾病，发展尚未明确相关机制的发育障碍疾病的机制研究，实现共性关键功能细胞（如造血干细胞、配子细胞）的体外维持和再植技术，建立维持细胞功能前提下基因精准纠正新技术，初步实现对严重遗传性疾病的通用再生治疗策略；发展针对心肌梗死、糖尿病、肝衰竭、自身免疫性疾病和癌症等重大慢性病的再生治疗技术并推进到临床试验阶段；发展智能工程再生设备及技术，针对难以单独使用细胞方式再生的机体功能进行补充或替代。

器官再生领域应重点攻关心、脑、肝、肾等重要生命器官的体外构建，实现 3~5 种人工器官的开发。通过集成运用干细胞可控分化、组织工程和 3D 打印技术，融合材料、机械、化学、生物学、医学等多学科优势，构建工程化类器官/组织、生物人工器官，如植入型人工肾、生物人工肝等。突破具有移植微环境主动调控作用的支架材料仿生制备技术、干细胞规模化扩增与可控分化技术、生物反应器系统仿生构筑技术、工程化类器官与生物人工器官的体外仿生构筑与装配关键技术。研发出具有高组织修复活性和在体微环境主动调控作用的生物医用材料。发展大动物人源化器官制造技术，建立具备高效异种嵌合能力的人多能干细胞的获得技术，突破基于基因编辑的器官缺陷模型制造技术、基于囊胚补偿/妊娠期注射干细胞策略的嵌合体形成技术，在大动物模型中实现 3~5 种人源化器官批量制造，扩大可供使用的人源化动物品系/物种，研究制定符合中国国情的相关伦理系统。

至 2035 年，预期在再生医学领域占据领跑地位，形成完整的研发产业链。2~3 种发病率较高的退行性疾病及心肌梗死、脑卒中、糖尿病等严重影响国民健康的疾病产生一系列效果良好的再生医学治疗手段，降低 1~2 种老年病和慢性病的发病率，将我国人口的健康寿命水平整体提升 5%~10%。

6. 脑机接口

脑机接口是神经工程技术与生物医学工程学科的重要研究方向和医疗器械产品的关键核心技术，它涉及脑科学与行为学、电生理学和神经生理学、信号与信息处理、混合人工智能、仿生学机器人与自动化等理论和技术，可以广泛地应用于医疗器械、康复器械、能力增强器械、穿戴机器人等产业。

从脑机接口等神经工程技术层面上讲，无创非侵入、高比特率、精准神经信息破译是亟待解决的问题。

关于脑机接口的伦理学争论尚不活跃，动物保护组织对这方面的研究关注也不多。这主要是因为脑机接口研究的目标是克服多种残疾，也因为脑机接口通常给予患者控制外部世界的能力，而不是被动接受外部世界的控制（当然视觉假体、人工耳蜗等感觉修复技术是例外。）

有人预见，未来当脑机接口技术发展到一定程度后，将不但能修复残疾人的受损功能，也能增强正常人的功能。例如，深部脑刺激技术和经颅磁刺激技术等可以用来治疗抑郁症和帕金森病，将来也可能用来改变正常人的一些脑功能和个性。

二、面向 2035 年的生物制造产业技术预见及产业发展路径研究

1. 先进生物燃料

当前能源和消费市场的很大一部分严重依赖于石化行业。化石能源的全球利用，包括其作为运输燃料的特定用途，极大地促进了大气中 CO_2 浓度的不断增加。目前，多个国家及多个国际组织已经提出了许多减少 CO_2 排放的解决方案。在这些解决方案中，可再生能源（如生物燃料）的开发具有重大的优势，已得到一些国家和机构的推动，这些国家和机构计划在将来部分或全部使用可再生能源。生物燃料具有相等的能量密度，并且具有在经济上可行的生产能力，因此它可以成为代替汽油以减少温室气体排放的有利替代品。据世界生物质能协会推出的《2017 全球生物能源统计报告》数据显示，生物能源作为行业贡献最大与最具生命力的可再生能源，其 2014 年的总消费量为 50.5EJ（ $1EJ=10^{18}J$ ），占据全球能源结构的 14%；2016~2020 年，预计全球生物燃料市场会保持稳定的上升态势，复合年均增长率将达到 12.5%。中国生物能源的发展潜力很大，主要为生物乙醇、生物柴油和生物质发电。然而，英国石油（BP）公司 2015 年发布的《BP 世界能源统计年鉴》的数据显示，中国的生物燃料发展速度较慢，全球居第七位。后来者如阿根廷、印度尼西亚发展速度很快。先进的生物燃料分为三个子类别：第一类为来自现有和剩余材料的生物燃料，如来自木质纤维素的生物乙醇等；第二类包括所有合成生产的燃料，该类别主要包括使用费–托法生产的燃料；第三类为从非农业生物资源中获得的生物燃料，这些生物燃料也被标记为第三代燃料。合成生物学和代谢工程领域的快速发展，推动了对先进生物燃料（如丁醇、异丁醇、脂肪酸和类异戊二烯衍生物）的研究，为生成具有更大产量和产率的各种先进生物燃料提供了可能，以实现减少碳足迹的更加可持续的生物过程。微生物具有合成这些有机分子的天然途径，但是对于商业化而言，自然效价非常低。代谢工程方法可以帮助将细胞通量重新定向到这些途径，从而提高先进生物燃料微生物合成的效价。通过结合组学与计算机辅助设计，利用先进的合成生物学手段有助于改善先进生物燃料的效价。

1）生物燃料乙醇

随着社会的不断进步和科学技术突飞猛进的发展，在生物燃料乙醇生产过程中，越来越多的现代化技术已得到应用，逐渐实现产品质量的提高与生产成本的降低，但依然面临生产线的智能化程度偏低，生产成本相对较高，生产水平与美国、巴西存在较大差距等挑战。

生物燃料乙醇产业是国家重点推广的新型产业。国际能源署（International Energy Agency，IEA）于 2018 年 10 月发布了《2018—2023 年可再生能源市场分析和预测报告》，预测可再生能源将继续扩张，占全球能源消费增长的 40%，其中生物燃料产量将增长 15%，到 2023 年将达到 1650 亿升。化工行业生产过程具有危险性大、连续性强、规模大、生产工艺复杂等特点，安全生产是化工行业的第一基本准则。因此，为了保证生物燃料乙醇企业安全高效生产，提升未来核心竞争力，寻找生物燃料乙醇产业发展的新模式迫在眉睫。

近年来，生物燃料乙醇生产线逐步实现了自动化，大大提升了生产效率，同时降低了生产过程的人力劳动成本。但生产线的信息化和智能化程度依然偏低，难以通过感知获取、分析生产线的全要素信息从而进一步优化生产线资源配置和生产力，同时企业决策层难以及时洞察和掌握生产现场实际情况，导致管理难度大、成本高。为此，如何利用智能控制、工业大数据、5G 网络等先进信息化技术保证生物燃料乙醇企业的安全高效生产，是寻找生物燃料乙醇产业发展新模式需要解决的关键问题。这些新模式包括产业生产过程新模式（图 4.1）、产业设备运维新模式（图 4.2）和产业商业管理新模式（工业互联网平台功能架构，图 4.3）。燃料乙醇产业是集生物、化工、能源产业于一体的复合流程产业，通过大数据、数字孪生技术、5G+工业互联网、区块链等新技术的应用，可带来燃料乙醇产业在生产模式、设备运维和商业模式上的显著变化，形成燃料乙醇产业未来的发展模式，促进企业经济效益和社会效益最大化。

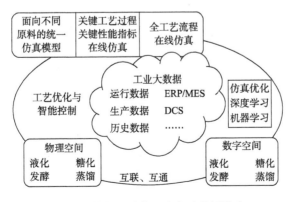

图 4.1　燃料乙醇产业生产过程新模式

ERP（enterprise resource planning），企业资源计划；MES（manufacturing execution system），制造执行系统；
DCS（distributed control system），分布式控制系统

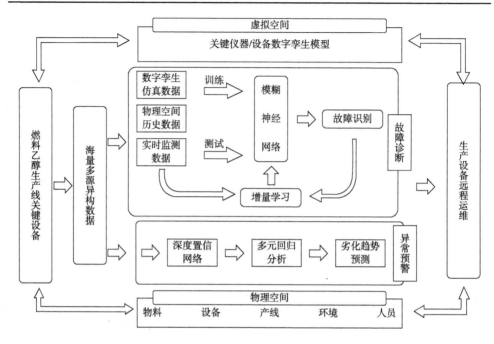

图 4.2　燃料乙醇产业设备运维新模式

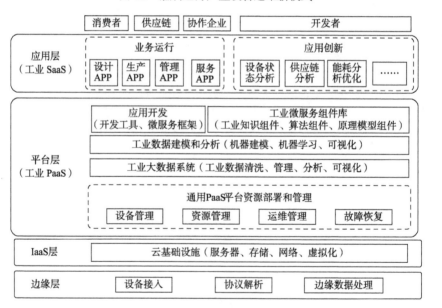

图 4.3　工业互联网平台功能架构

SaaS（software-as-a-service），软件即服务；PaaS（platform-as-a-service），平台即服务；

IaaS（infrastructure-as-a-service），基础设施即服务

2）正丁醇

在过去的几十年中，已经进行了许多研究以寻找绿色的新能源来替代经典能源。随着利用微生物生产乙醇技术的发展（主要来自酿酒酵母），许多研究取得了优异的成果。此外，人们越来越多地开始寻求能够利用木质纤维素生物质来生产生物燃料的微生物。但是，与正丁醇相比，乙醇仍不是汽油的最佳替代品。与乙醇相比，正丁醇作为生物燃料更具有优势。正丁醇的能量密度高于乙醇，与汽油相当。正丁醇的吸湿性低，其腐蚀性较低，因此可以通过用于汽油运输的管道基础设施进行运输。正丁醇的蒸气压较低，并且操作更安全。乙醇可以与汽油混合的体积最多达到 85%，而正丁醇可以与汽油按任何比例混合或以纯净的形式使用。与乙醇相比，正丁醇的水溶性更差，这使得正丁醇-汽油混合物不易发生相分离。表 4.1 比较了正丁醇、乙醇和汽油的性能。

表 4.1　正丁醇、乙醇和汽油的理化特性

性质	正丁醇	乙醇	汽油
能量密度（MJ/L）	29.2	21.2	32.5
熔点（℃）	−89.3	−114	−40
沸点（℃）	117.7	78	27~225
自燃温度（℃）	385	423	257
密度（g/ml）	0.8098	0.79	0.69~0.79

目前正丁醇的制备方法主要为羰基合成法、发酵法和乙醇催化转化法。羰基合成法是工业上生产正丁醇的主要方法。生物质发酵法是绿色正丁醇主要的生产路线。此过程以淀粉等多糖或单糖为原料，经过生物发酵、分离得到正丁醇，其副产物包括乙醇和丙酮。

目前，生物正丁醇已被联合国国际能源署列为第二代生物燃料，在国际上受到了广泛关注。生物正丁醇作为液体燃料可以替代部分汽油，未来汽油需求量即为生物正丁醇的市场需求潜力。可以依据汽油消费量增长情况预测未来燃料正丁醇的市场容量。化工、医药等行业高端市场也将是未来纤维素正丁醇的应用方向之一，其市场前景也十分广阔。

目前，生物正丁醇技术多处于实验研究阶段，虽有小型生产或示范装置，但装置规模小、技术不成熟。2011 年，美国 Cobalt 科技公司与美国 API 公司达成协议，将建设世界首家工业规模纤维素生物正丁醇生产厂（约 1440 吨/年）。英国 BP 公司 2006 年联合美国杜邦公司开发了生物正丁醇及第二代生物酶催化剂，用以生产可再生运输燃料。2007 年底，两家公司与英国糖业公司合作，建成了以甜菜为原料的年产 3 万吨生物正丁醇生产装置。虽然纤维素正丁醇产业化生产尚存在一定的技术瓶颈，且经济性有待提高，但未来通过政策支持，在丰富农林剩余物资源及巨大的市场需求条件之下，纤维素正丁醇作为新型能源仍具有非常广阔的发展前景。

3）生物航空燃料

全球商业航空公司的航空燃油总消耗量从 2005 年的 2.6 亿 m^3/年增加到 2018 年的 3.4 亿 m^3/年，并且预计到 2050 年还将以每年 5%的速度增长。发展可再生航空燃料被认为是减少相关 CO_2 排放的有前途的未来战略。因此，在生物航空燃料生产、分配和示范飞行方面采取了全球行动。作为一个相对较新的研究方向，生物航空燃料在技术开发、燃料认证和分配方面仍然存在许多挑战。生物航空燃料的生产技术包括通过脂质的催化转化，通过碳水化合物或木质纤维素的生物质转化以及通过开发生物精炼技术。未来要减少航空领域的 CO_2 排放，可通过整合生物技术、化学工程和能源作物来改善航空燃料生产技术中的生物质利用。

生物航空燃料的优势已在试飞中得到证明，并取得了积极的成果。生物航空燃料与典型的生物燃料（如醇、醚、酯和某些含氮化合物）有很大的不同，因为它完全不含氧。据报道，典型的生物燃料可以产生多环芳烃（polycyclic aromatic hydrocarbon，PAH）和烟灰，类似于常规的碳氢燃料。由于生物航空燃料是通过对燃料原料进行脱氧来生产的，因此可以避免传统生物燃料潜在的有害燃烧污染物的形成。

生物航空燃料的应用是航空领域减少 CO_2 排放的唯一现实解决方案。生命周期评估（life cycle assessment，LCA）是评估和增强实现国际航空部门减少温室气体排放目标的进展的日益重要的工具。它应该伴随着额外的技术经济学分析。用于生产和使用生物航空燃料的完整 LCA 研究仍很匮乏，但初步尝试显示出积极的结果。事实证明，几乎所有途径都比 CO_2 产生率 88~106g/MJ 的传统航空燃料降低了温室气体排放。

到 2050 年，全球航空业预计将以每年 5%的速度增长。尽管进行了大量研究，但经济问题在很大程度上阻碍了生物航空燃料的商业应用。因此，至少在考虑了碳税缴纳之后，这个经济问题会被克服，才能使生物航空燃料被接受。

可再生航空燃料是一个相对较新的话题，在技术开发、燃料批准和分配的各个方面都存在许多挑战。为了有效地改善用于航空燃料生产技术的生物质利用，需要通过正确整合生物学、化学工程、催化剂以及能源作物来实现。通过对飞机制造商、航空燃料生产商和提供商的整个产业链进行整合研究，可以大规模生产基于生物质的航空燃料。

2. 可再生材料与高价值化学品的生物合成

生物基产品是指源自生物质的非食品产品。生物基产品的涵盖范围可以从高附加值的精细化学品（如药品、化妆品、食品添加剂等）到大宗化学品（如通用生物基聚合物或化学原料）。生物基化学品的概念不包括传统的生物基产品，如纸浆和纸张、木材产品等。生物基化学品的获得方式主要是以可再生的生物质为原材料，通过生物技术结合化学工程技术进行大规模物质加工与物质转化，形成消费者、化工工业和能源工业可利用的产品和物质材料，实现生物质原料对化石原料作为工业基础原料的替代。本项目研究的生物基化学品范畴主要是从以糖或淀粉为原料出发，通过生物或化学加工技术获得的产品。

近期研究显示，可再生化学品当前只占全球化工市场的一小部分，但其增速较快。预计亚洲地区的产量增长最快，这得益于这一地区丰富的生物质原料供应、各种有利的政策以及该地区对相关产品的需求急速增加。从全球角度来看，生物基产品未来的市场发展取决于传统化石基化学品的价格、石油价格以及政策环境的变化。

美国是目前世界上最主要的生物基产品的生产国和消费国，其工业生物技术发展迅速。根据 Robert Carlson 等 2016 年在《自然-生物技术》(*Nature Biotechnology*) 中的文章估计，美国工业生物技术产业年收入达到 1050 亿美元，年增长率为 12%，其中可再生化学品贡献 660 亿美元。另外，美国生物质研究与开发委员会的一份报告估计，美国生物经济行业创造了超过 25 万个就业岗位。

德国 Hurthrth Nova 研究所研究了生物基聚合物细分市场，该市场规模在 2013 年约为 128 亿美元。数据显示，生物基聚合物生产能力的年复合增长率为 20%，2011 年产量为 350 万吨，2013 年为 510 万吨。目前生物基聚合物占总聚合物市场的 2%（该比例在 2011 年为 1.5%）。预计到 2021 年，1700 万吨生物基聚合物约占 4 亿吨总生物基聚合物市场的 4%。市场对生物基聚合物的需求增长最强劲的将是食品包装和器皿。作为生物基聚合物中的主要产品，生物基聚对苯二甲酸乙二醇酯（PET）的生产能力将从 2013 年的 60 万吨增加到 2020 年的 700 万吨。此外，生物基聚羟基脂肪酸酯（PHA）、聚乳酸（PLA）和生物基聚氨酯（PUR）的生产能力也将实现强劲增长。美国的 Lux Research 公司也预测未来可再生化学品市场将继续增长。其研究范围包括生物基聚合物行业以及中间体（如生物基琥珀酸或己二酸）和可再生特种化学品（如法尼烯或萜烯）。根据宣布的产能建设计划，该公司估计 2018 年中间化学品的生物基生产能力达到了 290 万吨，年复合增长率为 11%。

与化石基化学品相比，生物基化学品在环境、经济和性能方面的优势已被认可。基于生物技术的化学品生产路线与绿色化学的理念也更为吻合。

大多数生物基化学品的性能与石油基化学品的对应产品相当，甚至更为优越。一个典型的例子是 Avantium 公司的聚 2，5-呋喃二甲酸乙二醇酯（PEF）在饮料瓶中的应用，其性能优于传统 PET，由其生产的饮料瓶对氧气、CO_2 和水均具有较高阻隔性能。这些特性可以延长产品的保质期并降低饮料生产商的生产成本。此外，与 PET 相比，PEF 的碳足迹低 50%~70%。

早在 2004 年，美国能源部发布的报告《生物质中最重要的附加值化学品》就认为生物基生产工艺通常比石化工艺更快、能源效率更高。时间和能量投入的减少可以降低成本，为制造商创造经济利益。此外，可再生化学品生产过程相对于石化生产能更有效地利用原材料并且对环境影响更小。这种改进可为制造商节省材料处理和相关法律成本。此外，生物质价格波动性低于化石资源，生物基化学品价格的长期稳定性使制造商能够提前计划生产，减少价格波动带来的损失。

2007 年，美国环境保护署发布了一份题为"污染预防生物工程"的报告。该报告中指出，生物工艺和生物基化学品生产中使用的工业生物技术可以减少碳排放，提高过程效率，实现化石燃料和石油基材料的替代，实现建立零浪费的闭环工业系统。自 1996 年美国环境保护署颁布总统绿色化学挑战赛以来，1/3 的奖项授予了工业生物技术或生物工艺。

2016 年 4 月，美国白宫科学和技术政策办公室再次就生物经济发布题为"先进制造业：联邦政府对优先技术领域的简要介绍"的报告。该报告强调，生物基经济的增长依赖于先进的生物制造和工程生物学。根据报告中的路线图，由联邦政府牵头设立的合成生物学工厂将通过使用经过改造设计的微生物以更快和更便宜的方法促进新的可再生化学品的商业开发。

通过生物技术生产生物基平台化学品当前备受关注，因为它是化学合成的更好的替代方法，可避免化石资源的消耗，并通过利用可再生的生物质废物减少环境污染。在有利的市场条件下，预计到 2050 年，可再生资源产生的化学品产量将达到 1.13 亿吨，占有机化学品总产量 38%。

1）主要平台化学品转化途径与技术评价

生物基化学品的生产多使用纯的或易于发酵的底物，以提高工艺的经济性。表 4.2 总结了生物基平台化学品（包括不同的有机酸和醇）的转化路径和技术成熟度评价。

表 4.2　生物基平台化学品的转化路径和技术成熟度评价

生物基平台化学品	转化路径	技术成熟度评价
1，3-丁二烯	生物化学——生物技术 混合热化学/生物化学——气化/发酵	6
1，4-丁二醇	生物化学——生物技术	8
乳酸乙酯	生物化学——生物技术	9
脂肪醇	热化学——气化 生物化学——生物技术 藻类途径	9
糠醛	热化学——热解 生物化学——生物催化	9
甘油	藻类途径	9
异戊二烯	生物化学——生物技术	6

续表

乳酸	生物化学——生物技术	9
生物基平台化学品	转化路径	技术成熟度评价
丙二醇	生物化学——生物技术	9
琥珀酸	生物化学——生物技术	9
二甲苯	生物化学——生物催化 热化学——热解	6

注：技术成熟度打分范围 1~10，1 代表不成熟，10 代表成熟，数值越高成熟程度越高

2）主要生物基化合物的价值链

（1）乳酸乙酯：乳酸乙酯是由乙醇和乳酸酯化生成的可生物降解溶剂。乳酸乙酯的主要用途是工业溶剂，目前已被用于在工业中取代挥发性有机石油衍生化合物。由于其性能符合或超过传统溶剂，预计乳酸乙酯将在溶剂市场中更具竞争优势。用于制备乳酸乙酯的乳酸和乙醇均可由糖经生物发酵生产，图 4.4 展示了乳酸乙酯的价值链。

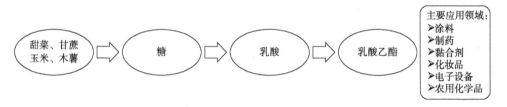

图 4.4　乳酸乙酯价值链

（2）糠醛：糠醛是一种杂环醛，由木糖脱水产生。理论上，含有大量戊糖（五碳糖，如阿拉伯糖和木糖）的任何材料，均可用作糠醛生产的原料。糠醛具有广泛的工业应用，如塑料、医药、农用化学品和非石油衍生化学品的生产。目前生产得到的大部分糠醛被转化为糠醇，用于生产树脂。糠醛良好的防腐性能使其可用于管道用的呋喃纤维增强塑料的生产。

（3）异戊二烯：异戊二烯主要用于生产聚异戊二烯橡胶、苯乙烯共聚物和丁基橡胶。生物基异戊二烯通过生物发酵生产，与石油基异戊二烯相同，可作为替代分子。生物来源的异戊二烯生产目前处于早期开发阶段，在主要轮胎制造商的支持下正在加速发展。

（4）乳酸：乳酸是自然界中最常见的羧酸。绝大多数商业化乳酸生产方法是利用微生物对碳水化合物进行发酵。乳酸在全球范围内广泛应用于食品、制药、个人护理产品、工业用途和聚合物等领域。乳酸聚合物（PLA）生产的发展促进着乳酸的消费增长。可生物降解的 PLA 在食品包装、一次性餐具、收缩包装、3D 打印机等方面都很受欢迎。

（5）丙二醇：1，3-丙二醇是一种线性脂肪族二醇，可用于包括聚合物、个人护理产品、溶剂和润滑剂等多个领域。1，3-丙二醇是聚对苯二甲酸丙二醇酯（PTT）聚合物的组成部分。PTT 得以在纺织品和纤维中使用是因为它的耐用性和耐污性比尼龙更为优秀。杜邦公司是世界上最大的生物1，3-丙二醇生产企业。生物基1，3-丙二醇比典型的以石油为原料的生产路线的能量消耗减少了40%。

（6）琥珀酸：琥珀酸是一种二元酸，可由石油或生物质生产。目前石油衍生琥珀酸的市场规模很小，主要集中在特种化学品。预计生物质衍生琥珀酸的市场很大，作为以可再生资源生产高附加值产品的前体，其在聚合物、表面活性剂、溶剂等领域有巨大的应用前景（图 4.5）。

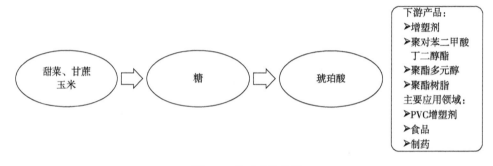

图 4.5　琥珀酸价值链

（7）1，3-丁二烯：1，3-丁二烯是聚丁二烯和丁苯橡胶的生产基石，用于生产轿车和轻型车辆轮胎（图 4.6）。丁二烯是石油基乙烯生产的副产品。由于页岩气充足，乙烯生产原料的转变导致过去几年丁二烯供应受到限制，价格大幅波动，为生物衍生丁二烯提供了机会。除传统石油化学路线可以生产丁二烯外，多种生物质转化路线使得可再生丁二烯的制备变成可能。

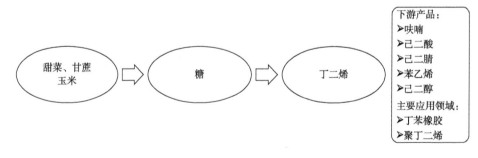

图 4.6　丁二烯价值链

3）生物基化学品产品分类和发展现状

生物基化学品种类众多，应用广泛，市场价值巨大。生物基化学品对工业经济的绿色转型、生态环境的可持续发展具有重要意义，是未来生物经济与生物基社会的基础，也是世界各国战略必争高地。

生物制造相关技术越来越受到发达国家和新兴经济体的重视，正在进入大规模产业化阶段，生物能源、生物基材料、生物炼制产品市场份额逐步增加，竞争力相较石化产品不断提升（表 4.3）。据美国嘉吉等企业估计，现有化学品中的 60%以上可以通过生物质转化得到。截至 2015 年，生物燃料的全球产量已达 1330 亿升，其中生物乙醇约占 60%，其余主要为生物柴油和其他先进生物燃料。受北美和欧洲地区的政策刺激和持续投入的推动，全球第二代生物燃料市场有望在 2020年达到 239 亿美元，在能源领域的应用市场规模不断扩大。2014 年，生物基材料的全球产能超过 3000 万吨，其中生物基塑料 170 万吨，生物基可降解塑料 70 万吨，可以预见未来全球生物基塑料市场将持续快速增长，年均复合增长率将有望接近 15%。据 Lux Research 报告，2018 年全球生物基材料和化学品产能跃升至740 万吨以上。

表 4.3　全球主要生物基产品的价格、产量、产值及市场份额

产品	生物基市场			
	价格/ （美元/吨）	产量/ （万吨/年）	产值/ （万美元/年）	市场份额
乙酸	617	135.7	83700	10%
乙烯	1 300~2 000	20	26 000~40 000	0.2%
乙二醇	1 300~1 500	42.5	55 300~63 800	1.5%
乙醇	815	7 131	5 814 100	93%
3-羟基丙酸	1 100	0.004	4	接近 100%
丙酮	1 400	17.4	24 400	3.2%
丙烯酸	2 688	0.03	900	<0.1%
乳酸	1 450	47.2	68 400	100%
丙二醇	1 760	12.8	22 500	100%
丁二醇	>3 000	0.3	900	0.1%
异丁醇	1 721	10.5	18 100	21%
正丁醇	1 890	59	111 500	20%
异丁烯	>>1 850	0.001	2	<0.1%
琥珀酸	2 940	3.8	11 100	49%
糠醛	1 000~1 450	30~70	30 000~101 500	接近 100%
异戊二烯	>2 000	0.002	4	<0.1%
衣康酸	1 900	4.1	7 900	接近 100%
乙酰丙酸	6 500	0.3	2 000	接近 100%
木糖醇	3 900	16	62 400	接近 100%

续表

产品	生物基市场			
	价格/ （美元/吨）	产量/ （万吨/年）	产值/ （万美元/年）	市场份额
呋喃二甲酸	>3500	0.0045	~1 000	接近 100%
5-羟甲基糠醛	>2 655	0.002	5	20%
己二酸	2 150	0.000 1	0.2	<0.1%
山梨醇	650	16.4	10 700	接近 100%
对二甲苯	1 415	0.15	210	<0.1%
法尼烯	5 581	1.2	6 800	接近 100%
聚羟基脂肪酸 （PHAs）	6 500	1.7	11 100	接近 100%

A. C2 化合物

（1）乙烯。乙烯可以通过生物乙醇的脱水或生物石脑油的裂解来生产。400℃下气相脱水使得乙醇制备乙烯具有大于99%的转化率和大于99%的选择性，目前1吨乙烯的生产需要消耗1.7吨乙醇。

乙烯最主要的产品是聚乙烯。2010年巴西化学公司Braskem委托一家20万吨产能的工厂以甘蔗为原料生产聚乙烯。乙烯未来的另一个重要运用是生产乙二醇。2007年Solvay公司以甘蔗为原料生产6万吨乙烯，用以生产生物基聚氯乙烯（PVC）材料。

（2）乙酸酐。乙酸酐的制备以生物乙醇为原料，产率通常在97%~99%。另一个潜在的制备途径是由乙酸生产乙酸酐。乙酸酐是一种无色液体，具有刺激性气味，是一种具有多种用途的平台化学品，可用来生产塑料、涂料、药物、增塑剂、杀菌剂和染料的溶剂。

生物基乙酸酐主要由瑞典的SEKAB公司利用乙醛生产。其他生物基乙酸酐生产公司包括美国的塞拉尼斯和中国的长春吉安生化集团有限公司等。

（3）乙二醇。乙二醇是一种具有广泛应用范围的平台化学品。存在多种基于生物质的乙二醇生产路线，其中最重要的生产路线是通过乙醇制备乙烯，再通过化学转化得到乙二醇。目前正在开发从糖生产生物基乙二醇的途径，但技术尚未成熟。

乙二醇是一种典型的平台化学品，可在染料、聚合物、纤维、汽车、农药、清洁剂、防腐剂和木材处理等领域进行应用。除此之外，还可以直接用作脱水剂、冷却剂、传热剂或防冻剂。

目前乙二醇的全球市场由沙特基础工业公司（SABIC）主导，占有28%的市场份额。其他主要参与者包括美国陶氏化学、中国石油化工集团公司和荷兰壳牌公司。全球生物基乙二醇市场很大，2020年年生产生物基乙二醇已超过300万吨。

B. C3 化合物

（1）乳酸。乳酸可以通过微生物发酵或通过化学合成来生产，其中生物技术路线的主要原料是己糖、多糖或二糖，通常来自玉米糖浆、糖蜜、甜菜和各种淀粉。

2018 年全球乳酸市场（包含乳酸盐、酯及 PLA）消费量约为 51.8 万吨，未来五年将以 5.6% 的复合增速增长。目前全球市场需求以 L-乳酸为主，纯 D-乳酸全球市场需求仅约 2000 吨，除 PLA 应用外，主要用于生产农药杀虫剂、除草剂等。欧洲对 PLA 的需求为每年 2.5 万吨，到 2025 年可能达到每年 65 万吨。乳酸在食品和饮料领域是一种防腐剂和 pH 调节剂，也可作为溶剂和乳酸酯的原料用于制药、化工等行业。PLA 作为一种纤维，可用于服装、地毯和工业产品。

荷兰公司 Purac 是乳酸生产领域的世界领导者。乳酸聚合产生可降解的聚合物 PLA 被用于食品包装。PLA 生产的全球领导者是位于美国内布拉斯加州的 NatureWorks。其他主要的 PLA 生产公司包括比利时的 Futerro，日本的 Teijin Fibers、Toyobo，中国的 HiSun 和德国的 Pyramid Bioplastics。

（2）丙烯酸。石化路线的丙烯酸是通过丙烯的氧化生产的，丙烯则通过石脑油裂解生产获得。丙烯酸的主要生产商有德国巴斯夫、美国陶氏化学、法国阿科玛、日本触媒、中国江苏裕廊化工、韩国 LG 化学、日本三菱化学、中国上海华谊等。生物基丙烯酸可通过 3-羟基丙酸脱水生产，3-羟基丙酸则可通过糖发酵得到。

丙烯酸可用于制造各种塑料、涂料、黏合剂、尿布、纤维和纺织品、树脂、洗涤剂和清洁剂、弹性体（合成橡胶）以及地板抛光剂和油漆。丙烯酸还广泛用作多种工业过程的化学中间体。

许多商业化生产技术已经在中试阶段得到证明。生物基丙烯酸生产的发展已经形成两个关键的战略合作伙伴关系，即巴斯夫—嘉吉—诺维信以及 OPXBio—Dow。其中 OPXBio—Dow 开发了一种使用糖发酵生产 3-羟基丙酸然后脱水制备丙烯酸的方法。他们正在合作开发工业规模的工艺，目前已经拥有一个中试规模的工厂（3000 升发酵容器，产能约 27 吨/年），并于 2017 年开始每年约 5 万吨的商业规模生产。

（3）3-羟基丙酸。目前 3-羟基丙酸主要通过化学转化法合成，由 1,3-丙二醇或 3-羟基丙醛氧化或由丙烯酸水合进行制备。化学法存在工艺复杂、污染严重等缺陷；生物转化法主要依靠发酵方式进行生产，因能有效弥补化学转化法的不足而受到研究者关注。

3-羟基丙酸作为一种重要的化工原料广泛应用于材料、制药、农业等领域。美国能源部 2004 年将其列入 12 种优先开发的生物基平台化学品之一。预计 3-羟基丙酸的全球市场开放量为每年 363 万吨。

（4）丙二醇。化学工业中有两种不同的丙二醇，即 1，2-丙二醇和 1，3-丙二醇。通过酸或碱催化环氧丙烷开环可生产 1，2-丙二醇；目前已经实现工业化生产的化学合成方法主要是环氧乙烷羧基化法（图 4.7）和丙烯醛水合法，反应过程需要使用甲基叔丁基醚（MTBE）等有机溶剂。另外，聚丙二醇可以通过乳酸或乳酸的氢化以及微生物甘油发酵来形成。

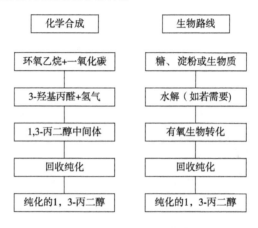

图 4.7　丙二醇制备技术路径

源自 1，3-丙二醇的主要产品是可生物降解的塑料——PTT。1，3-丙二醇的市场需求估计每年会达到 50 000 吨。

商业化最早的可再生化学品之一即 1，3-丙二醇，可用于化妆品、冷却剂、尼龙纤维和润肤剂，也可用于生产高端地毯。Du- Pont Tate & Lyle 自 2006 年底以来一直在田纳西州运营年产 63 500 吨的丙二醇生物炼制厂。该公司销售品牌为 Susterra 的工业用丙二醇。美国 ADM 于 2011 年 3 月开始生产丙二醇，以每年 10 万吨的产量在伊利诺伊州迪凯特的工厂进行生产，其在催化生产过程中使用甘油作为原料。法国的代谢探索者公司已经宣布在东南亚进行生物基 1，3-丙二醇工厂的建设。该工厂的初始产能为 8000 吨，预计最终产能可达到 5 万吨。

C. C4 化合物

（1）琥珀酸。琥珀酸是一种二元羧酸，可以从石油或生物质中产生。从石油中生产琥珀酸的主要路线是马来酸酐或马来酸的加氢；生物路线以糖为原料利用微生物发酵进行生产（图 4.8）。

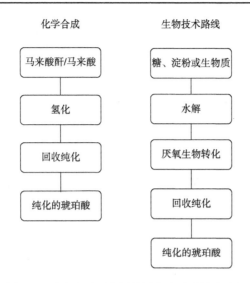

图 4.8　石油和可再生原料制备琥珀酸技术路径

石油衍生琥珀酸的市场价格为 6 000~9 000 美元/吨。目前石油衍生琥珀酸市场很小，主要集中在特种化学品。然而，生物合成琥珀酸的潜力预计会很大，2015年，全球生产的 90 000 吨琥珀酸中有 2/3 来自生物基。德国巴斯夫公司预计，在2021~2026 年琥珀酸将以"两位数的增长率"增长，并预计未来全世界的琥珀酸生产能力将超过 40 万吨/年。

巴斯夫公司和 Corbion Purac 公司于 2009 成立合资企业 Succinity GmbH，目的是开发琥珀酸的生物生产路线，并于 2014 年在西班牙蒙特梅名建成一年产 10 000吨的生物琥珀酸生产装置。在最初的合作企业伙伴关系声明中，预计还将建设一个年产 50 000 吨的更大的设施。

BioAmber 集团于 2008 在法国庞默建立了一家琥珀酸工厂，年生产能力为2000 吨（2008 年）。BioAmber 还与 Mitsui Chemicals 公司合作在加拿大安大略省萨尼亚开发建设一年产 50 000 吨的设施，并于 2015 年 8 月开始运营。此外，BioAmber 公司已经与嘉吉公司签订了许可协议，以生产一系列能够耐受低 pH 环境并能够利用木质纤维素原料的酵母微生物。

Myriant 公司基于利用遗传修饰的大肠杆菌发酵生产琥珀酸的技术，于 2013年 6 月在美国路易斯安那州的普罗维登斯湖建设了年产 13 600 吨的工厂，并于2015 年底将该工厂的产能扩大到每年 77 000 吨。

（2）丁二醇。传统石化路线进行丁二醇的生产有许多途径，包括乙炔和甲醛转化的 Reppe 法、丁二烯-乙酸法、丙烯氧化法、丁烯二酸酐转化的 Davy 法和二氯丁烯法。利用可再生资源生产丁二醇的主要途径有两条，即直接发酵和催化发酵中间体。图 4.9 为化学法与生物法进行丁二醇合成的路线。

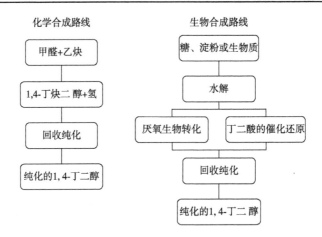

图 4.9　丁二醇的化学与生物合成路线

目前丁二醇市场需求每年约为 200 万吨。与石油生产的其他 C4 化学品类似，页岩气生产乙烯的低成本促使丁二醇的产量降低，而包括可再生纤维的大量需求使得其市场需求上升。

丁二醇的大生产商包括巴斯夫、东莞市大仁化工有限公司、里昂巴塞尔、美国阿什兰（原 ISP）。美国 Genomatica 一直是直接发酵生产丁二醇的领先者。2008 年 Genomatica 宣布了一种利用商品糖与大肠杆菌的生物转化制备丁二醇的发酵路线。2013 年，巴斯夫公司批准 Genomatica 的技术，并于同年 12 月宣布生产商用丁二醇。2015 年，Genomatica 和嘉吉公司宣布开始合作，以加快生物基丁二醇的生产。另一条生物基丁二醇的合成途径是通过催化升级发酵产品丁二酸来实现。

D. C5 化合物

（1）异戊二烯。异戊二烯化学名为 2-甲基-1，3-丁二烯，是一种主要用于生产聚异戊二烯橡胶、苯乙烯热塑性塑料弹性体嵌段共聚物和丁基橡胶的五碳碳氢化合物。

异戊二烯工业生产方法有：①提取法。提取法是从裂解生产乙烯的副产物的碳五馏分中提取。②化学合成法。通过异丁烯与甲醛反应、异戊烷脱氢和异戊烯脱氢等工艺可获得异戊二烯。③生物发酵法。利用大肠杆菌的代谢途径来生产异戊二烯。

异戊二烯在从外壳、橡胶手套到汽车轮胎的各种产品中都能找到，其市场市值为 10 亿~20 亿美元。利用可再生资源生产异戊二烯是 Goodyear Tire and Rubber 公司和 Genencor 生物技术公司的合资企业的目标。利用来自 Genencor 生物技术公司的可再生资源样品，Goodyear Tire and Rubber 公司成功生产出了一种合成橡胶，用于概念轮胎以展示可再生资源可替代石油衍生成异戊二烯。

（2）衣康酸。衣康酸是具有 5 个碳原子的支链二元羧酸，也称为亚甲基琥珀酸。衣康酸是一种天然存在的，无毒且易于生物降解的白色结晶粉末。目前主要通过碳水化合物的发酵进行工业化生产。

据估计衣康酸的市场需求为 41 400 吨，总价值为 7450 万美元。衣康酸具有替代石油基产品和其他化学品的潜力，如丙烯酸、马来酸酐、三聚磷酸钠和丙酮氰醇，其最大应用是生产甲基丙烯酸甲酯。

（3）乙酰丙酸。根据原料的不同，乙酰丙酸可通过以下两大途径制备：①糠醇催化水解法。糠醇催化水解法是以生物质为原料，经过糠醛、糠醇，通过水解、开环、重排反应生成乙酰丙酸。②生物质直接水解法。生物质原料在酸的催化下直接水解制备乙酰丙酸。

美国 Segetis 公司正在对乙酰丙酸的各种应用进行商业化生产。乙酰丙酸含有两个反应性官能团，允许大量的综合转化。图 4.10 显示了乙酰丙酸的衍生物。

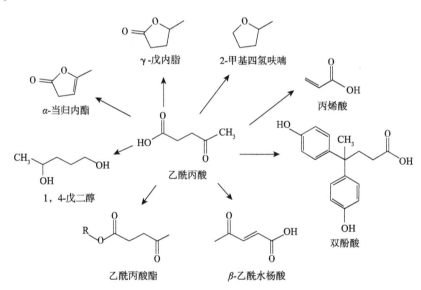

图 4.10　乙酰丙酸的多种衍生物

Maine 生物制品公司通过在稀释的无机酸和适中的温度下"裂解"木质纤维素原料来制备乙酰丙酸，并采用了高通量和高产量的新型双反应堆方案。其中纤维素部分可以分解形成乙酰丙酸，同时生成副产物甲酸；剩余的木质素，连同残余的纤维素和半纤维素，以及其他惰性物质，以一种富碳的焦炭混合物的形式出现，通过燃烧可以为生产过程提供动力。

（4）乳酸乙酯。乳酸乙酯是乳酸和乙醇形成的酯，两者都是可由生物质生产获得的。因此，乳酸乙酯是可 100%生物来源的产品。它被称为无毒、可生物降解的溶剂，可以替代常见的石油衍生溶剂，如 *N*-甲基吡咯烷酮和甲苯。

乳酸乙酯生产过程中的第一步是收获生物质（例如甘蔗、玉米、木薯等），然后提取糖（或提取淀粉并将其转化为葡萄糖）。随后通过微生物厌氧发酵将糖转化为 *L*-乳酸。纯化的乳酸通常通过使用固体酸催化剂与乙醇催化酯化转化为乳酸乙酯。

乳酸乙酯的主要用途是作为溶剂应用在以下领域：油漆和油墨、药品、黏合剂、化妆品、电子产品和农药。在美国，乳酸乙酯目前的价格为 3~4 美元/千克，并且有望在将来与 2 美元/千克溶剂竞争。目前在美国有 3 家生产工厂生产生物基乳酸乙酯，分别是 ADM、Galactic 和 Cargill Dow。Galactic 有一套年产量在 15 000 吨的设施。

E. C6 化合物

（1）己二酸。传统的己二酸是由石化原料以两步法生产。通过发酵法可以生产生物基己二酸。图 4.11 展示了生物法制备己二酸的途径。

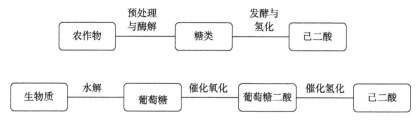

图 4.11　生物途径制备己二酸

己二酸是美国能源部报告的 12 种以可再生原料为基础生产的市场价值最大的生物基化学品之一。目前，己二酸年需求量近 300 万吨，市场价值约 80 亿美元。

Verdezyne 公司直接将脂肪酸和植物油转化为己二酸。Rennovia 公司首先利用葡萄糖二酸氢化生产己二酸，根据 Rennovia 公司的经济和可持续性分析，与常规石油基己二酸相比，这一路线的生产成本可降低 20%~25%，温室气体排放量可减少 85%。此外，Genomatica 公司已经申请了由糖生产己二酸的专利。通过除葡萄糖二酸以外的中间体生产己二酸的方法也正在研究。Deinove、Myriant 和 Amyris 一直在研究通过化学催化转化黏糠酸生产己二酸，其中大多数方法已经在实验室规模上得到证实。

（2）2，5-呋喃二甲酸（FDCA）。FDCA 生产的途径众多，其中生物途径包括己糖衍生物的脱水、2，5-二取代呋喃的氧化，得到的 FDCA 通过与乙二醇聚合即可得到聚呋喃二甲酸乙二醇酯。（图 4.12）。

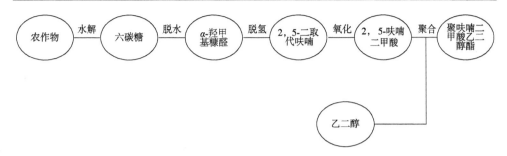

图 4.12　FDCA 的生物转化途径

　　FDCA 的潜在市场是巨大的,它可以作为 PET、聚对苯二甲酸丁二醇酯(PBT)和聚酰胺生产中对苯二甲酸(TPA)的替代品,FDCA 还有可能用于生产新型溶剂。如果 FDCA 要完全取代这些化学品,预计市场量约为 5000 万吨,价值超过500 亿美元。

　　目前只有少数公司参与 FDCA 的生产和商业化,其市场主要由成立于 2000年的壳牌公司的子公司 Avantium 主导。Avantium 目前与包括可口可乐、达能、Alpla 和 Wifag-Polytype 在内的大型工业企业建立了合作伙伴关系,以实现技术的商业化并大幅降低成本。

　　(3)葡萄糖酸。从葡萄糖生产葡萄糖酸的工艺主要包括化学催化、电催化与酶催化。生物路线主要是利用各种游离微生物(包括细菌、类酵母菌和真菌)或固定化细胞的不连续或连续发酵过程进行生产。

　　作为一种大宗化学品的多功能有机酸,由于其化学和生理特性,葡萄糖酸本身及其盐类(例如碱金属盐,特别是葡萄糖酸钠)和葡糖酸内酯已广泛用于化工、制药、食品、建筑等行业。葡萄糖酸钠还是一种增塑剂和一种非常有效的固化抑制剂,并且易于生物降解。

　　美国 Rivertop Renewable 公司目前已开发了葡萄糖二酸及其盐和衍生物的功能产品。Rivertop 的 Riose™洗涤剂助剂安全、有效和可再生,是传统助剂的良好替代品。此外,葡萄糖二酸在生产新型尼龙(聚羟基聚酰胺)过程中存在重要的应用前景。葡萄糖二酸(及其酯)也是新型超支化聚酯的潜在原料,其市场规模可与现有尼龙比肩。

　　F. 生物基聚合物

　　(1)聚对苯二甲酸乙二醇酯(PET)。生物基 PET 由对苯二甲酸与聚合生物基乙二醇制成。乙二醇和对苯二甲酸的聚合通常经过两个步骤进行。第一步,从乙二醇和对苯二甲酸获得低分子量 PET。第二步,较大的蒸汽-液体表面积导致高分子量 PET 合成。缩短第二步反应时间,可防止副产物形成。

　　生物基 PET 是一种直接替代石化基 PET 的插入型化学品。其价值链见图 4.13。

当前仅乙二醇部分是生物基的，因此只是 30% 的原料来源于生物基。目前正在探索进一步制备生物基对苯二甲酸的新工艺，但尚未商业化。

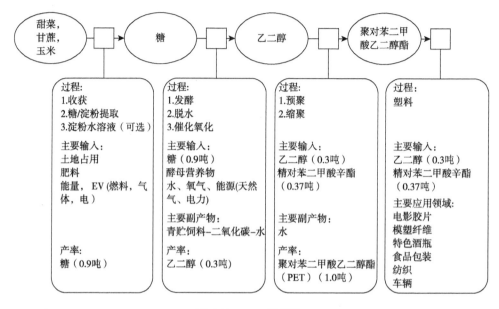

图 4.13　PET 价值链

PET 广泛用于包装材料中的塑料。生物基 PET 可以直接替代基于化石的 PET 使用，因此不可进行填埋处理。由于其分子相同，因此可以与基于化石的 PET 一起回收处理。PET 可广泛用于各种应用的聚合物，包括薄膜、模塑纤维和特种出口。这些材料又可继续用于瓶子、食品包装、纺织品和车辆。

生物基 PET 的著名例子包括可口可乐和亨氏公司生产的 "Plant Bottle"，福特公司现在将其技术用于汽车座椅。生物基 PET 主要在亚洲生产。目前生产生物基 PET 的公司有 Teijin 和 Inorama Venture，它们分别年产 100 吨和 300 吨。

（2）聚羟基脂肪酸酯（PHA）。PHA 是一种微生物利用可发酵生物质（如糖、淀粉、植物油）产生的聚合物，将来可生物降解。与大多数发酵产品不同，生物基聚合物会在微生物的细胞内积累。以干重计，生物聚合物的积累量可达 80%，则可实现 $2.5\ \mathrm{g \cdot h^{-1} \cdot L^{-1}}$ 的产量。随后，需要从微生物细胞中分离 PHA。而 PHA 的下游加工是该工艺的瓶颈之一。纯化的 PHA 通过混合和制粒进一步加工。自然界中最简单的 PHA，称为 P3HB 或仅称为 PHB，可以认为是最重要的市售产品。另外，一些企业也开始开发其他短链长度 PHA，如 P4HB、P3HB4HB 和 PHBV，以及中链长度 PHA，如 PHBH 和 PHBO，并已经开始进行大规模生产和工业应用（图 4.14）。

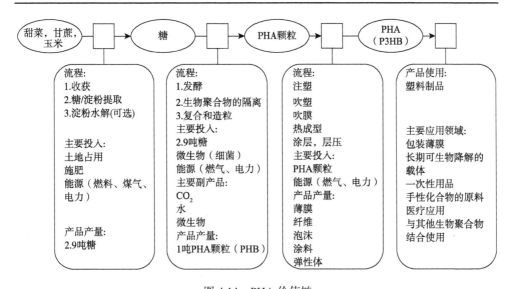

图 4.14　PHA 价值链

主要应用包括：①包装薄膜（用于食品包装）、袋子、容器、纸涂料；②可长期生物降解的载体、药物、杀虫剂、除草剂或肥料；③一次性用品，如剃须刀、器皿、尿布、女性卫生用品、化妆品容器、洗发水瓶、杯子等；④手性化合物的原料；⑤手术针、缝合线、订书钉、药签、伤口敷料、骨替代品和钢板以及血管替代品。

2014 年 PHA 市场价格为 3.8~5 欧元/千克，2013 年全球销售产品的总市场量仅为 1000 吨；但根据多家公司的预测，未来的产量可能会更高。目前最重要的生产商是 Meredian，Kaneka 和 Newlight Technologies。

（3）PLA。PLA 或聚丙交酯是一种热塑性聚酯，它是一种全生物基塑料，可以来自玉米淀粉、木薯根、甘蔗和甜菜。

PLA 合成主要有两种方法：①乳酸直接脱水缩聚（图 4.15）。该法单体转化率高，工艺简单，成本较低，但产物的分子量分布难控，不易得到高分子量的聚合物；②乳酸先脱水生成低聚物，然后解聚生成丙交酯,再开环聚合制得 PLA。用该方法可以得到分子量和微观结构均可调的 PLA，但丙交酯开环聚合法要经过丙交酯纯化的步骤，生产流程长，成本较高。目前 PLA 的生产主要采用丙交酯开环聚合工艺，具体工艺流程见图 4.15。

图 4.15　PLA 生物制备技术路径

PLA 可作为一种纤维用于服装、地毯、包装材料、绝缘泡沫、汽车部件和纤维（纺织和非织造）等产品。在某些情况下，PLA 也是可生物降解的。

PLA 全球产能约为 75 万吨/年，其中中国占据主导地位。2014 年，PLA 的全球产量约为 12 万吨，估计收入为 2.52 亿美元。PLA 的最大生产企业是位于美国内布拉斯加州的 NatureWorks。其他活跃的 PLA 生产企业包括比利时的 Futerro，日本的 Teijin Fibers、Toyobo，中国的 HiSun，以及德国的 Pyramid Bioplastics。

（4）聚乙烯。聚乙烯（PE）是一种由乙烯聚合而成的材料，通过不同的聚合方法可得到不同分子量的聚乙烯材料，在不同领域中得以应用。例如，低密度聚乙烯（LDPE）、高密度聚乙烯（HDPE）、超高分子量聚乙烯等。

当前，聚乙烯的生产工艺有三种：①利用石油来制取烯烃，通过聚合生产聚乙烯产品；②利用原煤产生煤基甲醇来制备烯烃，然后聚合生产聚乙烯；③可由甘蔗等粮食作物或者生物秸秆发酵生产乙醇，随后将乙醇催化脱水为乙烯，然后聚合为聚乙烯。

聚乙烯是使用最广泛的塑料，其主要用途是包装（塑料袋、塑料薄膜、土工膜、容器，包括瓶子、管子等）。

聚乙烯全球市场规模约为 8500 万吨/年，中国是世界上聚乙烯消费量最大的国家，2017 年占世界总消费量的 29.71%。预计到 2022 年，世界聚乙烯的消费量将以年均约 4.0% 的速度增长，到 2022 年消费量将达到 1.13 亿吨。另外，生物基 PE 已经进入市场多年，并且产量逐年增加，预计到 2027 年，生物基 PE 市场预计将达到 454.06 万吨。

（5）聚呋喃乙酸酯。聚呋喃乙酸酯也称为聚 2，5-呋喃二甲酸乙二醇酯（PEF），类似于 PET，但在酯化步骤中用 2，5-呋喃二甲酸（FDCA）代替对苯二甲酸，通过乙二醇和 2，5-呋喃二甲酸发生缩聚反应而制备得到。

PEF 的性质与 PET 相似，同时该材料具有优异的阻隔性能（对于 O_2 和 CO_2），这使其成为软饮料瓶材料的有吸引力的候选者。PEF 还具有更高的拉伸强度和更好的高温性能。然而，PEF 不是替代 PET 的嵌入式聚合物，这意味着需要开发新的市场，这可能需要时间。PEF 目前还没有进入市场，是一种有待进一步研发和批量生产的新型聚合物。

3. 蛋白类产品人工合成

蛋白质是人体与动物生产的必要营养组分，类丝蛋白作为新型材料单体，可用于制造特种材料。目前材料蛋白和未来食品蛋白等特种蛋白人工合成研究是全球热点和新兴战略产业。实现蛋白类产品人工合成需突破细胞来源、细胞高效增殖分化、低成本细胞高密度悬浮培养等动物细胞培养大规模制备中的关键瓶颈；构建适合类丝蛋白和牛奶蛋白等特定蛋白表达的生产系统，建立类丝蛋白等特性材料的加工工艺。

4. 低劣生物质利用

我国有着丰富的低劣生物质资源，如秸秆、粪便、城市生活垃圾、生活废水等，大部分均未得到有效处理而直接排放，严重污染环境，造成病菌和病毒蔓延。实现低劣生物质的高效利用，需建立直接转化低劣生物质的预处理技术体系；开发用于编辑可利用低劣生物质微生物染色体的工具/方法；提高改造微生物对噬菌体/毒素的耐受能力；设计能够将低劣生物质中的有机物转化为碳氢化合物或其他高值化合物的酶。

5. 废弃塑料生物降解

在过去的几十年中，塑料产量大幅增长，几乎没有放缓的迹象。目前，塑料的年产量接近 3.6 亿吨，超过了其他大多数的人造材料。到 2015 年，人类已累计生产了约 83 亿吨塑料。其中约有 63 亿吨已经成为废物，其中只有 9%得到了回收利用。在这个每分钟消费 100 万个塑料瓶的世界中，大量消费显然是一个重要因素。但是对废旧塑料的管理不善也是一大原因，这常常导致废弃塑料泄漏到环境中。研究者估计，每年有 3190 万吨塑料废物进入环境，其中 480 万~1270 万吨进入海洋，对陆地及海洋生态系统造成了严重污染。这种污染对野生动植物、自然环境以及我们人类自己都构成了巨大威胁。

在从线性经济到循环经济的转变中，更多的废弃塑料必须被回收利用。化学家和生物学家可以寻找更有效的方法来回收经过使用的塑料，未来也可以开发出便于在生产过程中回收的新塑料。因此应当更加重视可将废聚合物再生为其他有价值的化学物质的化学回收技术，并将其应用于聚合物制造过程或其他过程。

目前已经有许多常用塑料可以通过某种方式进行回收。事实上，由于技术、经济以及物流方面的原因，却很少有废弃塑料被回收利用。由艾伦·麦克阿瑟基金会（Ellen MacArthur Foundation）主导的一项分析表明，全世界约有 1/3 的塑料包装废弃物流失到环境中，此外约有 14%的垃圾被回收利用，40%被填埋，而剩余的46%会被收集和焚烧，有时会将废物在焚化炉中焚烧，将焚化产生的热量用来发电。这些百分比代表全球平均值，但各国之间存在差异。

一些污染环境的废塑料被随意丢弃，而在收集后如何对其进行处理也存在很大问题。这种废料通常包含不同塑料和其他废料的混合物，必须将它们分开才能回收利用，这是一个相当耗时耗力的过程。废物管理公司通常会打包这些废物，然后将其运送到劳动力成本较低的国家进行回收，但是在运输过程中很容易丢失一些塑料。

大部分回收的塑料通过机械和热处理可以重制成其他塑料产品。原则上，聚乙烯和聚丙烯等热塑性塑料可以通过再加工进行回收，但实际上，大多数机械回收会严重影响这些材料的性能和价值。热固性塑料和树脂（例如某些 PUR 和环氧树脂）不能轻易地进行化学或机械回收。

一些特殊的塑料在回收过程可以高效地运作。例如，在欧洲，塑料奶瓶大约有一半是由回收的高密度聚乙烯制成的，这部分材料来自旧的奶瓶。将不需要的产品转换为新的同类型产品的过程被称为闭环回收。但仍有其他塑料很难回收利用或者变成低值产品，这种策略被称为开环或级联回收。如果可以从收集和再处理塑料废物的过程中获得更多利益，那么从事塑料制造和废物处理的公司将更有动力。因此，可以选择化学循环利用——聚合物分子被分解成单体或其他较小的结构单元，而这些单体或结构单元可用作制造新塑料的原始原料。化学技术具有提高机械和化学回收过程效率的潜力。研究者们未来可以通过两种方式解决塑料问题：找到更好的方法来处理我们目前使用的塑料，或者开发出更便于回收利用的新塑料。例如，研究人员可以扩大可化学回收的塑料的范围，并且从这些材料中获取更多价值。新的化学技术还可以帮助直接和选择性地回收塑料混合物，从而避免了昂贵且费力的分拣过程。化学回收将在从废塑料中获取更多价值方面发挥至关重要的作用，并且对于创建塑料循环经济至关重要。

各国之间的塑料回收策略不同，但是这些系统的基本要素是相同的。从家庭、企业和其他收集点收集废塑料，然后将其运送到废物管理机构，将塑料分类为不同的聚合物类型。这有助于确保为每种废物流都提供了一个特定聚合物分子的相对纯净的来源，使其适合于再加工成新产品。

在机械回收方法中，须将塑料熔化并挤出，以便于将其重新成型为新的塑料产品，包括瓶、衣服纤维、地毯和家具。但通过机械回收生产的塑料的性能通常不如通过原始原料生产的塑料，它们可能不那么坚固，甚至可能褪色。因此，这种回收形式有时被称为"降级回收"，因为其产品的价值往往低于原始塑料。

在塑料废物不适合机械回收的情况下，可以进行焚化并利用燃烧热量发电，特别是在其产生的 CO_2 可被持续性收集而不是排放到大气的情况下。但即使是这种解决方案，也依然不能处理所有类型的塑料，譬如聚氯乙烯（PVC）会在能量回收系统中引起问题，因为聚氯乙烯在燃烧时会释放酸，从而腐蚀焚化炉中的管道。

化学回收可能是一种出色且被广泛选择的回收方法，但目前在商业上很少有过程适用。这涉及某些废物的复杂组成，以及使回收复杂化的添加剂和改良剂的使用。从根本上讲，降解的化学原理还不是很清楚。几十年来，化学家们为开发将单体转变为聚合物的"正向"反应付出了巨大的努力，但对将这些长链分解为较短分子的"反向"反应的研究很少。

目前可用的最常见的化学循环形式为一种被称为热解的过程，该过程是碳氢化合物聚合物的可控热分解。该过程通常在惰性气体中及 450~700℃ 的高温下进行，以免塑料燃烧。当前该过程的局限性为大多数情况下热解后会形成蜡、低聚物、不饱和物、芳烃和烷烃。换句话说，它在单体生产方面显示出较差的选择性，最适合于由废塑料生产燃料。另一个选择是水热裂解，它通过可催化热过程和蒸汽分解塑料。该过程需要的温度略低，为 350~550℃，但也会产生混合物，只有一部分可以回收再利用为塑料。以这种方式回收混合的塑料废料可能需要其他能够应对添加剂的技术。

这两个过程都需要大量能量并且显示出有限的选择性，这些特征阻碍了其更广泛地应用于商业。更好的催化剂和化学工艺可以帮助加速这些降解或解聚反应，从而降低其操作温度。探索有价值的化学物质的选择性生产以及将其再循环至单体以用于未来的聚合物生产也很重要。

尽管目前已经存在一部分可生物降解或可堆肥的塑料，但公众和工业界仍然对这些术语的含义以及这些降解过程所需的条件和时间范围感到困惑。目前需要进行研究以准确了解所有塑料在不同情况下如何降解以及它们的降解产物。这些知识将帮助生物化学家设计使用寿命长但可按需降解的聚合物，并确保不会因塑料的降解产物而导致意外的环境后果。

大多数塑料被设计为耐用的，它们在使用寿命内可以保持自身结构及性能。但在包装等应用领域，这种耐用性会造成污染，因为废弃的塑料会在环境中保留数年甚至数十年。在某些情况下，允许塑料制品多次重复使用（例如在可重复填充的包装中）将比提供多个一次性包装的制品更具可持续性。但这样同样存在弊端，即在应用中无法降解的材料会进入环境。

设计一种寿命长并且在使用后可降解的塑料是一项非常重大的挑战。目前已有可生物降解的塑料上市，并已对许多行业和环境进行了针对性研发。例如，最初开发了一些可在患者体内缓慢分解的医疗植入物材料；一些塑料最适合在工业堆肥设施内降解，而这些设施需要相同的收集和加工基础设施；其他聚合物旨在在家庭堆肥箱中分解。对于这样的可降解聚合物，了解其需要什么条件以及需要多长时间以及留下的分解产物至关重要。公认的是，当前的标准和测试方法无法预测复杂自然环境范围内的降解情况。

虽然我们开始使用越来越多的可降解塑料，但它们的降解产物可能会对我们的世界产生更大的影响。我们应当研究这些降解产物的影响，确保它们不会以意外的方式改变环境，预测和理解这些影响至关重要。

开发新型可降解聚合物为减少塑料污染对环境的影响提供了机会。但必须对它们的降解过程的机制以及该策略的长期影响进行更深入的研究。这项研究还可以帮助制定可降解塑料的标准，从而更好地考虑其在实际情况下的降解过程。

针对严重困扰我国的塑料污染问题，可利用微生物的降解作用，解聚高分子塑料，并引入循环利用或降解体系。开展塑料解聚微生物资源挖掘、塑料解聚动力学及机制研究、绿色解决工艺应用研究，建立高分子塑料的生物解聚技术和工业应用工艺，推进建立工业应用示范。

目前 PET 类塑料的生物降解技术已经相对成熟，然而对于废塑料中其他类型的难降解塑料（如聚乙烯/聚苯乙烯、PUR 等）仍需开展新型微生物筛选、关键元件挖掘、降解机制解析及高值化利用等原创性工作。通过对不同塑料的生物降解研究进展分析发现，目前废塑料降解及高值化利用仍然存在诸多亟待解决的技术瓶颈。因此，主要任务如下。

（1）解析塑料降解机制，构建塑料降解元件。塑料降解元件匮乏、降解机制不明晰。尽管针对不同塑料开展了相关降解性微生物资源和酶元件的挖掘工作，但目前仅获得了 PET 的高效降解元件。针对聚氨酯（PUR）类塑料，已报道的降解微生物和降解酶多数仅对聚酯型 PUR 具有催化活性，聚醚型 PUR 的生物降解尚无报道。由于聚酯型和聚醚型 PUR 化学结构中都存在酰胺键，若能挖掘新型的酰胺酶降解元件，则有望实现聚酯型与聚醚型 PUR 类塑料的同步生物降解。尤其是针对废塑料中占最大比例的聚烯烃类塑料，虽然获得了具有较微弱降解能力的菌株，但其降解机制与关键元件尚不明晰。PE/PS 类塑料主链化学构成为烷基碳，碳碳键惰性强、反应能垒高，导致其难以断裂；亟须解析惰性碳碳键的活化机制及降解机制，开发降解元件库。

更为重要的是要认识到生物衍生的聚合物（由从植物等生物材料中提取的分子制成的聚合物）不一定具有生物可降解性。相反，许多可生物降解的聚合物实际上是由石油化学原料制备的。在制备可环境降解聚合物的过程中，使用任何方法都是有效的，无须仅关注石化或生物衍生的原料。生物衍生的聚合物可为使用可再生原料生产碳足迹较低的塑料提供可能。可生物降解的聚合物可通过减少塑料在环境中的持久性来帮助解决另一个问题。因此生物衍生和可生物降解的聚合物非常有发展前景。产量较高的可生物降解聚合物为 PLA 和聚对苯二甲酸己二酸丁二醇酯（PBAT），PLA 是由生物质生产的，而 PBAT 主要是石油化工产品。

另一个挑战是，不同的材料需要不同的条件才能完全降解，如不同的温度、微生物及湿度。某些塑料在更广阔的环境中可能会降解，但其分解速度在土壤、河流或海洋之间可能有很大不同。繁杂的环境条件意味着很难设计出在任何情况下都能普遍降解的聚合物。

（2）提高塑料降解体系效率、稳定性。塑料降解体系效率低、稳定性差。由于废塑料种类复杂、性质稳定，单一微生物/酶对其降解能力较差，需要菌群协作或多酶体系来实现塑料的有效降解。因而，亟须在获得各种塑料降解微生物或降解元件的基础上，基于合成生物学技术，设计构建稳定的混菌体系/多酶复合体；针对不同类型的塑料，定向调控混菌/多酶体系的构成，提高废塑料的降解效率。

聚合物链（或分层结构）之间的相互作用也是决定塑料是否可降解的关键因

素。例如，PHA 形成了直径约为 10nm 的层状晶体区域，这些晶体片被非晶区隔开后形成了球晶，其直径为 100μm，从而形成了塑料较大结构的构造块。因此，块状塑料的行为不像孤立的聚合物分子，塑料在各种物理规模下的行为都不同，或多或少具有抗降解性。

塑性降解通常发生在不同的阶段。较大的塑料块会腐蚀成较小的块，随后这些块中的较长聚合物链分解为分子量较低的较短分子，这些步骤取决于物理和化学过程，如风化和磨损、水浸泡、紫外线照射、氧气氧化，各种化学机制或生物有机体（如微生物）。最终，聚合物经历了完全的生物降解，形成了天然可加工或易于代谢的小分子。在某些情况下，这种环境降解可能是处理塑料和减少塑料污染的最佳方法，但需要对不同废物管理策略的影响进行彻底的生命周期评估。

为了设计新的环境可降解塑料，化学家可以将化学基团结合到酶可以攻击的聚合物中。但是研究人员还必须考虑这些酶如何进入聚合物分子，以及考虑不同程度的结晶度或表面处理。进一步研究聚合物降解的化学机制及研究此类分解过程产生的残留物有助于指导该发现过程。在自然环境以及实验室中研究这些过程至关重要。该研究应确定降解产物的分子量和化学结构，但也应考虑中间分解产物，包括较短的聚合物链和纳米颗粒。我们还需要生物测定法，如使用体外酶测定法等技术研究这些分子对活生物体的影响。

（3）建立塑料降解产物高效分离体系。塑料降解产物复杂、难以高效利用。由于混合塑料的生物降解物结构复杂、单体种类多，很难直接进行高值化利用；另外，降解产物中的有毒物质对降解体系也有不利影响。因此，亟须建立塑料降解物高效分离纯化技术体系，完善塑料降解产物中小分子醇类、酸类物质高选择性分离回收方法，选择性移除体系中二胺类有害物质，获得满足不同生产需求的化学品，最终实现塑料降解产物的低成本高效利用。

另外，任何新的可在环境中降解的塑料都应在规定的时间内完全降解到环境中，同时不会产生生态毒性的降解产物，该时间范围将取决于用途。当今的碳氢化合物塑料通常分解得很慢，一旦塑料达到微米或纳米颗粒的大小，降解可能就会停止，这本身可能会造成环境问题。

欧盟现行法规规定，如果在堆肥 12 周后，用不超过 2mm 宽的筛子捕获的塑料重量不超过塑料总重量的 10%，则认为该塑料可堆肥。这意味着穿过筛子的材料可能包含塑料颗粒的微小碎片，如果将这种残留物应用于农业土地，其在大多数国家都很常见，那么对于科学家来说，确定土壤微生物是否可以完成这些颗粒的分解就很重要。这还可能使一些永远不可能完全降解的材料与完全可降解的结构相混淆，如可光氧降解的聚乙烯。

PLA 是一种可完全水解的聚合物，其降解产物乳酸是一种天然代谢产物，可

以被生物加工成 CO_2 和水。但了解其完全降解的时间范围很重要，并应定义其在不同用途中的降解速率。例如，目前已经证明 PLA 在一个田地中经过数月的时间会分解，但一年后可见的薄片状碎片可能仍有残留，并且需要更长的时间才能完全降解。这意味着需要进行更多环境测试以了解分解产物所花费的时间，其需要化学家与生物学家和生态学家更紧密地合作。此外，还需要从分子的角度看待聚合物的键合和结构，以及分解它们所涉及的机制。

设计环境降解性塑料并不意味着将环境降解作为处理此类废物的默认选项。实际上，降解机制增加了社会可用的报废选择。例如，PLA 是一种易于解聚的脂肪族聚酯，可以通过闭环化学循环进行管理。

由于酶通常在攻击微晶态塑料方面不太有效，因此有可能通过使用具有无定形区域的聚合物来促进环境降解，该类聚合物在设计上仍保留了所需的物理和机械性能。将不同的聚合物混合在一起，或与其他材料制成复合材料，可以帮助在使用过程中保持非晶态塑料的强度。例如，支链脂肪族聚酯倾向于形成更多的无定型材料，其比晶体变体降解更快。早期研究表明，将线性聚酯和支链聚酯共混可能有助于微调最终塑料的物理性能，从而使其在使用过程中表现良好。

PHA 是另一类有前途的聚合物，它们既是生物基聚合物又可生物降解。PHA的生产涉及聚合物的细菌生产——超过 90% 的细胞干重是聚合物。商业化生产中已经有一些 PHAs，将来也可以使用替代的化学路线来生产这种材料。

脂肪族聚碳酸酯还具有作为可降解塑料的潜力，与传统的石化聚合物相比，其碳足迹可能更低，因为它们可以通过使环氧化物与 CO_2 反应来制备。这些聚碳酸酯的性能和制造工艺仍然需要优化，包括提高其热稳定性和机械强度。例如，已证明源自 CO_2 的碳酸亚丙酯（PPC）膜对水蒸气的渗透性非常低，并且可用作农用覆盖膜。2018 年，在中国使用 PPC 覆盖膜进行的田间试验表明，包括马铃薯和藜麦在内的一些农作物与应用传统聚乙烯膜一样成功。PPC 膜在棉花上的成功率较低，这主要是因为该膜在田间降解得太快，目前正在进行进一步研究以进行改善。

随着生物可降解塑料技术变得越来越成熟，我们需要对不同类型的生物降解以及降解形成的物质有更深入的了解。发展新兴的环境退化领域需要生物化学专家的投入，这将要求制定相关的标准和法规。作为这项工作的一部分，将研究结果有效地传达给公众至关重要，生物化学专家必须参与推广活动，以提高公众对当前如何管理塑料废物以及未来可以可持续管理的各种方式的认识。关于研究人员是否应设计在生物化学回收设施、工业堆肥装置或环境中降解的塑料的决定，必须以生命周期的评估和对分解产物的流向及活动的充分了解为指导。同样重要的是，要注意在聚合物中添加可降解的键和化学物质，可能会促进这些材料的循环利用。最终，生物化学家们应该致力于"按需降解"聚合物的设计，以便用最可持续的方式处理废塑料。

6. 以 CO_2 为原料的生物合成

对石油枯竭与温室气体排放引起的全球气候变化的担忧激发了人们对化石燃料可再生替代品的兴趣。研究人员进行了大量的研究探索，旨在利用微生物细胞工厂将可再生能源和大气中的 CO_2 转化为燃料及化学品。近年来，大量的化石燃料燃烧和过量的温室气体排放已严重影响环境和气候。大气中的 CO_2 浓度在过去的四万年中一直稳定在 200~280ppm（1ppm=0.0001%），但在最近 50 年中，其浓度急剧上升至近 400ppm，这种非线性增长仍在持续，到 2050 年，CO_2 水平很可能会达到 500ppm，与 1900 年的水平相比，这可能将导致全球平均温度上升 2℃，如此严重的全球温度变化将不可避免地增加冰川崩解的风险并造成负面的连锁效应。随着合成生物学技术的不断发展，科学家渐渐开辟了一条为人类活动提供绿色环保替代品的道路（利用微生物生产生物燃料及化学品），以期达到碳中性的社会生产与发展模式。例如，在汽油中不断地提升生物乙醇的混合比例，从而降低温室气体的排放并一定程度地减少对化石燃料的需求。

图 4.16 为三代生物炼制概述，其中白色部分（左），第一代生物炼制，原料主要为植物油、废弃食用油等；浅灰色部分（中），第二代生物炼制，原料主要为非粮食生物质，包括谷物秸秆、甘蔗渣等；深灰色部分（右），第三代生物炼制，以 CO_2 为原料利用微生物生产燃料与化学品。

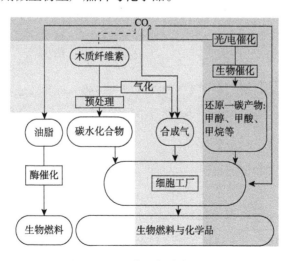

图 4.16 三代生物炼制概述

第三代生物炼制概念的提出，旨在利用大气中的 CO_2 和可再生能源，如光、废水中的无机化合物、光伏电池和风能等可持续资源产生的电能来进行生物生产。与第一代和第二代生物炼制相比，第三代生物炼制极大地降低了原料加工成本，对食品和水源供应的安全威胁降低很多。因此，研究人员在第三代生物炼制（CO_2 利用）方面已经取得了较大的进展。例如，已经验证了多种天然和合成的 CO_2 固定途径，并建立了光能、电能的能量捕获技术，部分微生物固碳技术已成功应用并在商业化模式下进行运转，如 Lanza Tech 公司与宝钢集团合作建立的利用钢厂废气 CO、CO_2 等进行生物乙醇的生产。以 CO_2 为原料的微生物制造的关键挑战是有效地固定大气中的 CO_2 和有效地捕获可再生能源用于生物生产。自养微生物可以利用 CO_2 维持细胞生长，但是它们可能无法在工业条件下定向高效地生产燃料或化学物质。为了实现 CO_2 微生物利用的目标，已经利用合成生物学的基因编辑手段将自养微生物进行改造以进行化学品的生产，另外也将 CO_2 固定途径整合到了异养微生物细胞工厂中进行 CO_2 的利用。

　　以 CO_2 为原料制备生物燃料，关键限速步骤是 CO_2 高效固定。在微生物利用 CO_2 方面，目前主要的 CO_2 固定技术包括光合作用、合成气发酵、半自养发酵以及基于人造系统（微生物电化学）的 CO_2 固定，如图 4.17 所示。

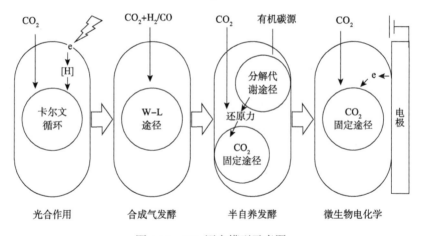

图 4.17　CO_2 固定模型示意图

1）光合作用

　　具有光合能力的生物体包括微藻、蓝藻和厌氧光合细菌，其可通过光合作用过程进行 CO_2 固定。蓝藻和微藻由于可以天然固碳，环境适应性强，因此吸引了较多的研究关注。使用微藻生产生物柴油的想法始于 20 世纪 70 年代至 80 年代。2006 年，美国亚利桑那州 Verdant Power 和公共服务部门合作，利用微藻以烟气中的 CO_2 为原料建立了生物柴油生产的商业系统。每年每英亩（1 英亩=0.404856hm^2）产量高达 5 000~10 000 加仑（1 加仑=3.7854118 升）生物柴油。

蓝藻是一种利用 CO_2 进行生物燃料和化学品生产的良好宿主。大多数研究在蓝藻菌株中进行，但是低光合效率和低固碳活性仍是蓝藻固碳效率的限制性因素。因此，在光合系统的改进方面研究人员进行了大量的工作。

2）合成气发酵

除了光合微生物外，化能自养菌可以利用化学能作为还原力来实现 CO_2 的固定。大多数研究菌株可以仅利用 CO_2+H_2/CO 产生乙酸，一些梭菌还可以生产乙醇、丁酸、丁醇和 2,3-丁二醇。还有一些梭菌可天然地合成醇类物质。

生物的合成气发酵被认为是 CO_2 固定的另一种类型。目前，合成气发酵是以商业规模经营的，生物工程资源公司是由阿肯色大学费耶特维尔分校的詹姆斯·加迪教授成立的，其建立商业设施旨在通过合成气发酵每年生产 800 万加仑乙醇。Lanza Tech 公司建立了利用 CO_2 进行气体发酵生物转化为生物乙醇的平台。2012 年，Lanza Tech 在中国上海建设了每年生产 10 万加仑的生物乙醇示范设施，并与其邻近的宝钢集团合作，收集钢厂废气作为原料。细胞培养周期长，培养条件苛刻以及培养成本较高是其主要的限制因素。

3）半自养发酵

除了从空气/烟道气/合成气中直接固定 CO_2 外，还有一些研究选择在典型的糖发酵过程中改善 CO_2 的转化。在最大限度地提高生物碳原料转化率的研究中，已经发现一些自养微生物能够吸收糖酵解循环中产生的 CO_2。通过在微生物中构建碳固定途径进行尝试，使它们可以吸收 CO_2 并转化为生物产品，这些工程菌被称为半自养微生物。近日德国马普研究所与法国波尔多大学的研究人员通过从菠菜中分离类囊体膜，将固碳途径进行导入后，合成了人造"叶绿体"，其可以利用光合作用将 CO_2 转化为有机物，是合成生物学领域的一项重大的突破。

另外，目前已有很多的方法可将 CO_2 转化为其他的一碳产品，如甲酸、甲醛与甲醇等，因此对这些一碳产品的微生物利用也有很多的研究，如大肠杆菌中通过定向进化等方法实现了一碳物质甲酸的同化。

4）基于人造系统（微生物电化学）

由于 CO_2 微生物固定是 CO_2 高效利用的限速步骤，采用多学科交叉技术将高效的 CO_2 固定化技术与生物合成专一性有机结合，是实现 CO_2 为原料生产生物质能的有效手段（图 4.18）。为了打破天然固碳系统效率较低的束缚，研究人员模仿自然光合作用过程构建了人造固碳系统。一种形式是结合电化学和微生物的微生物电合成系统，在该系统中，电能可以从太阳能、风能、地热能这些可持续的能源中产生。

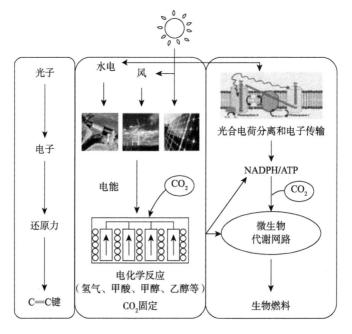

图 4.18　学科交叉固碳新模式

　　人造光合作用系统可以利用无机半导体材料作为捕获和传输光能的介质，将光能以电子形式传递给微生物，为固碳途径提供持续的绿色的还原力。例如，利用硅（Si）和二氧化钛（TiO_2）纳米线阵列捕获光并产生电子，其被转移到菌中并被作为 CO_2 固定的还原当量，然后将 CO_2 固定产物送入分离的容器中，并通过工程化的大肠杆菌将其转化为液体燃料、生物聚合物和药物前体。

　　长久以来，世界上主要依赖使用化石能源，很少关注废物再利用和 CO_2 生物固定。以 CO_2 为原料的生物制造既可以减少 CO_2 排放，又可以提供碳基燃料和化学品。与其他 CO_2 转化技术相比，基于生物转化的方法具有几个固有优势：①与其他原料的生物制造类似，CO_2 生物制造可以在温和的条件下进行。②基于 CO_2 的制造可以提供独特的产品多样性，特别是在碳碳键形成方面。但是由于一些限制，该技术的实施仍需要大量的研究投资。①许多有效的 CO_2 固定宿主是非模式生物，缺乏分析和工程工具，或生长缓慢并需要特殊的培养条件，最有效的 CO_2 固定宿主只能生产少量的简单化学品，如甲酸、乙酸、甲醇。②对于大部分基于 CO_2 的生物生产工艺来说，理论和实际产量都没有达到工业应用的水平。

　　针对我国经济、社会和环境协调发展的重大需求，我国应当大力发展气态碳氧化物资源的生物转化技术，打通从气态碳氧化物到精细化学品、基础化工产品、材料和燃料的生产路线，实现对气态碳氧化物中碳资源的高效捕获和利用。

重点任务包括：①开展碳固定和转化中的分子机器、固碳生化途径的原子和能量转换效率、光驱动生物转化、电驱动生物转化、氢驱动生物转化、生物-化学偶联转化等基础研究，开发能够高效进行碳固定和转化的生物催化剂；②突破气液双相生物发酵技术、高密度催化剂技术、生物催化重整技术、纳米生物催化技术、高压生物反应器技术、连续生物转化-分离耦合技术等关键技术，提高气体生物转化效率；③建立气态碳氧化物生物合成高值精细化学品、PHA 和 PLA 等生物材料及乙醇和航空燃油等生物燃料的示范生产线或商业化装置，从源头创建碳足迹显著降低的新型产业链。

未来以 CO_2 为原料的绿色生物制造的研究方向包括：①设计并模拟计算有效的 CO_2 固定酶和通路；②当前利用 CO_2 的生物的基因组、转录组、蛋白质组和代谢组数据的积累以及 CO_2 捕获技术的优化；③完善代谢工程工具，构建合成生物学自动化平台，用于生产各种产物的重组途径的整合以及野生微生物细胞工厂中的固碳途径的重组表达。作为结论性意见，我们认为艰巨的环境问题可被视为绿色生物制造的机遇，并且，我们预测这将会有一个广阔的未来，会有大量的创新技术用于生物碳固定，以期初步完成碳中性社会的目标。

总的来说，到 2035 年，我国要力争成为世界上重要的生物科学技术中心和生物产业创新高地，为将我国建成世界科技创新强国提供强大支撑。具备世界一流的原创影响力。拥有一批世界一流的科研机构、研究型大学和创新型企业，在生物技术的多个领域涌现一批重大原创性科学成果和国际顶尖水平的科学大师，成为生物技术高端人才创新创业的重要聚集地。

要实现人民群众健康水平全球领先。实现人均预期寿命稳居全球前列。实现生物新技术和新产品广泛应用，大幅降低人民群众维持基本健康的医疗成本。引领国际生物技术合作。成为生物技术领域国际大科学计划和大科学工程的主要发起人和承担者。与"一带一路"沿线国家的生物技术交流合作成为构建人类命运共同体的领域合作成功典范。

第五章 政策措施建议

党的十九大为加强国家创新体系建设指明了前进方向，明确了战略任务，提出了新的奋斗目标，强调全面建设社会主义现代化国家、实现中华民族伟大复兴的中国梦，比任何时候都更加需要强大的科技创新力量。生物技术作为新一轮科技和产业变革的核心，关系到国计民生和国家安全，是实现建设世界科技强国的战略必争之地，必须在政策措施上加强研究、超常部署，以确保战略目标的实现。加强统筹协调，健全激励机制，优化创新环境，坚持科技创新和体制机制创新的双轮驱动，可形成推进生物技术发展的强大合力，加速我国从生物技术大国向生物技术强国的转变，为实现建设世界强国的战略目标奠定坚实的基础。

1. 加强组织领导，统筹部署实施

一是建立生物技术部际联席会议协调机制。统筹协调科学技术部、财政部、国家发展和改革委员会、工业和信息化部、国家卫生健康委员会、国家知识产权局、教育部、生态环境部、农业农村部、国防部、中国科学院、中国共产党中央军事委员会科学技术委员会等多部门职能，建立生物技术部际联席会议协调机制，集中布局管理生物技术及产业中长期发展；二是成立国家生物技术战略咨询委员会。主要依托两院院士和战略专家，成立国家生物技术战略咨询委员会，按照生物技术部际联席会议协调机制的安排，开展生物技术前瞻性、战略性重大问题研究，对生物技术政策措施、重大项目提供咨询评估。

2. 完善制度设计，创造良性环境

一是调整完善生物技术相关的审评审批政策。重点优化与生物技术创新发展及产业化密切相关的法律法规和管理制度，包括药品审评审批政策、知识产权保护政策、转基因产业化发展政策等，在促进技术发展和强化政策监管之间建立协调平衡的发展机制，形成大力推动生物技术及产业发展的政策环境，提升生物技术对经济社会发展的贡献度。二是建立生物技术产业发展扶持政策。协调相关部门，完善制度设计，建立生物能源等产品财政补贴政策、生物资源保护及挖掘促进政策、医保采购创新扶持政策等，为拉动生物技术发展、保护国家生物战略资源、建设绿水青山形成政策合力。三是营造鼓励探索、宽容失败的创新文化氛围。突出创新导向，设定创新失败容忍度，建立新旧方案更替机制和良性退出机制，积极培育原创性、颠覆性成果不断涌现。

3. 优化体制机制，推动科技创新

一是设立生物技术科技重大专项。紧密结合生物技术特点，建立有利于生物技术创新发展的体制机制，探索美国国防部高级研究计划局模式，支持鼓励探索的非共识方向、学科交叉融合研究，探索美国霍华德·休斯医学研究所模式，支持以人为本的原创性、颠覆性创新研究，积极培育生物技术创新成果不断涌现。二是建立生物技术创新基地平台。以打造国家"战略力量"为目标设立生物技术国家实验室，面向生物产业发展设立生物技术创新中心，对标 NCBI、欧洲生物信息研究所等生物技术信息资源平台建立中国生物技术大数据中心，探索推动 CMO、CRO 等产业化专业化平台建设，形成生物技术领域优势力量集成、资源开放共享、创新资源整合的创新环境。

4. 加强人才培养，培育创新源泉

一是改革高等教育模式，加强生物技术人才培养。在国家的高等教育体系中，试点设立生物技术类专业本硕/本硕博连读机制，加大研究生与博士生招生规模，扩大研究生与博士研究生出国学习与交流的机会。创新人才培养模式，建立多层次人才培养基地，重点培养生物技术原始创新人才和产业化专业化人才。二是设立后备人才专项基金，培育优秀青年科学家。建立科学的评估机制筛选后备青年人才，重点培养具有较强创新活力的生物技术领域青年创新型人才队伍，建立以人为本的长期稳定的支持方式，为生物技术的未来发展提供原始动能。三是设立研企伙伴合作人才基金，培育创新创业人才。鼓励科研院所以及高校与生物技术企业建立生物技术研究伙伴性合作，通过在大型生物技术企业设立研究生及博士生培养点、博士后工作站等方式，结合研究工作设立专项人才基金，分层次培养生物技术创新型与创业型人才，满足生物技术产业发展需求。

5. 加强原料保障，控制原料成本

生物质原料短缺和供给不稳定一直是制约农林生物质利用产业健康发展的瓶颈。我国生物质资源丰富、潜力大，如何有效利用生物质，变"废"为"宝"，具有重要的环境、经济和社会效益。可通过建设农林生物质原料生产基地，培育符合地域特色的品种，建立质与量可控的原料供应体系，形成农林生物质集中收集、

储、运体系，控制原料成本。

6. 加强优势宣传，提高公众认知

向公众和消费者提供关于新型和传统产品与技术的好处、成本和风险的全面、透明的信息与交流；通过公共采购政策鼓励生物基产品的推广和开发；通过跨学科和多部门合作和伙伴关系促进知识交流；通过与消费者代表的对话和沟通，让消费者意识到并接受生物基产品的益处。有关生物基产品影响的信息，从原料种植到应用的全价值链，以及它们在可持续性方面的益处，将有助于提高消费者对生物基产品的信心。

7. 建立产品认证，支持产品推广

欧洲和美国已经先后建立了一套权威、专业的生物基产品认证制度，推广"生物基产品标签"，并使得消费者能够了解和认知生物基产品及其在人体健康、环境保护方面的优势。同时，在政府采购时优先支持包括生物基产品在内的环保和新技术产品。

目前，生物基产品在我国还属于新兴概念，公众了解较少，对于商家市场宣传中使用的多种环保和绿色等标签缺乏判别专业能力和信任，需要具有公信力的权威机构的专业信息。建议国家尽快建立一套生物基产品认证体系，颁布权威的生物基产品标签，并纳入政府采购支持和公众消费文化引导等支持平台。

8. 完善产业政策，促进成果转化

一是建立多元投入机制。进一步加大国家财政对生物技术领域的科技投入，逐步提高其占科技总投入的比例至发达国家水平，重点加大对基础性、战略性和公益性生物技术研究稳定支持力度；充分发挥国家财政资金的杠杆作用，调动地方财政投入的积极性，鼓励各级政府和园区成立中小企业担保基金、引导基金和风险池，加大对生物技术创新创业的资金支持；拉动多渠道社会资本投入，加速相关产品的产业化和成果转化过程中的资金募集效率，注重向产业链前端科学研究与产业链后端技术开发的双向延伸；借鉴中国科学院在山东威高集团有限公司、上海联影医疗科技有限公司设立产业定向基金的模式，鼓励生物技术企业加大研发投入，推动生物技术产业创新发展；成立国家战略投资基金，收购海外原创公司和产品。二是建立区域协调发展新格局。以京津冀、长三角、粤港澳、成渝等生物技术领域的优势城市群为基础，依托现有生物产业基地、园区，充分发挥各地方的积极性，力争在生物技术领域率先建立起更加有效的区域协调发展新格局，形成各具特色、优势互补的生物产业集群，有效避免各地方产业创新资源的恶性竞争和大型项目的重复建设，推动我国生物产

业的多核发展。三是开展创新政策先行先试，突出引领示范作用。选取有条件的地区，以加速推动生物技术成果的转移转化为目标，积极探索建立创新型政策措施扶持生物技术产业发展，鼓励开展先行先试示范区的试点建设，并进一步在全国范围内推广成功经验。

9. 扩大国际合作，提升国际影响

一是加强与发达国家的科技合作。按照平等合作、互利共赢的原则，加强与国际领先生物技术研究机构开展交流合作，推进与生物领域大型跨国公司建立战略伙伴关系，推进国际互认实验室的建设，积极参与并主导生物技术国际标准的制订和修订工作，推动我国生物技术领域的研究水平向国际领跑的方向发展。二是积极发起和组织国际大科学计划和大科学工程。结合我国生物技术领域科技发展的特点，以开放共享的理念，在中医药现代化等优势特色领域，立足于国家重大战略需求，主导面向全球的国际大科学计划和大科学工程，与全球共享生物技术科技发展的信息、知识以及各种研究资源，在拓展合作领域、创新合作方式和提高合作成效等方面取得突破。三是深化与"一带一路"沿线国家的交流合作。将生物技术领域的科技合作作为"一带一路"建设重要的联系纽带和驱动力，通过与沿线国家共建生物技术实验室或研究机构、联合举办国际学术会议、共同开展疾病防控研究等方式，促进"一带一路"国家间的技术共享和共同创新。

10. 夯实中医药产业，避免受制于人

面对国内外形势深刻而快速的变化，中医药产业核心装备的国产化迎来了新的机遇。对于部分受制于人的关键设备，应当把握重点，从部分具有基础的地方着手，寻找突破点实现突破，并借助我国在中医药领域的独特先天优势，迅速抢占国际制高点，形成产业良性发展的主动态势。

具体措施方面，应当加大对相关设备生产企业与研究机构的支持力度，特别是资金与专利方面的便利，为其快速发展提供动力；此外，对于现有的相关企业进行统计排查，鼓励强强联合，整合相关资源；对有能力生产可替代国外同类设备的企业，应给予特殊的扶持与帮助。中医药制造装备的国产化之路任重道远，虽然面临着越来越严峻的国内外态势，但本着挑战与机遇并存的精神，应当以此为契机大力发展相关产业，提升民族品牌，迎头赶上，摆脱受制于人的被动局面，掌握主动权。

11. 保障新药创制，实现良性发展

构建符合中药特色疗效评价体系，由国家药品监督管理局联合国家中医药管理局共同负责中药新药审批。

新药审评标准与中药特点不符、基础性研究薄弱和质量管控不足等是束缚中药新药研发活力的原因，亟待破除部分体制性藩篱并补齐短板。目前，中药新药的疗效评价标准上总体上"西化"，建议深入推进中药新药审评、审批制度改革，由国家药品监督管理局协同国家中医药管理局共同开展审评工作，构建符合中医药特色的新药审评体系。

完善中药科技成果评价体系，增强中医药应用基础研究，发挥创新主体优势，促进协同创新，就必须优化资源配置，建立和完善符合中医药特点的科学评价体系。建议建立以科研能力、创新成果和应用发展为导向的科技人才评价标准，健全基于岗位职责和科技绩效评估的收入分配制度，完善科技成果转化激励机制，加大科研人员股权激励力度，健全科研人才双向流动机制。

全球技术竞争正倒逼我国加快中药新药研发步伐，而我国的中药现代化尚处于起步阶段。建议增强中医药应用基础研究，如加强优质道地药材基地建设；建立智能化物联网监督平台和中药材生产销售全过程质量追溯体系，实现中药的标准化和精准化生产，保证其稳定性；加大中医药基础性研究投入，揭开"黑箱"，明确优势，为中药复方新药研发奠定基础。同时，依托大数据等现代技术，建立中药临床疗效评价体系，提供有说服力的案例支撑。国家可分专业建立全国统一、互联互通的中药临床效果分析的数据库，实现各地区、医院间的数据联网共享。

进一步健全中医药管理体制，建立临床试验激励和评价机制，充分重视中药资源开发和保护，鼓励中成药实施优质优价，避免在药品采购过程中一味追求低采购价格的问题。促进产学研结合机制，利用完善的税收返还制度刺激企业自主创新是制药发达国家主要采用的鼓励创新手段。目前国外对企业 R&D 的财税激励方式包括税前扣除或税收抵免，税收优惠的结转或追溯，加速折旧，提取技术准备金等。

12. 打造"我主人随"，推进产业整合

充分考虑中医药制造业的全链条，从大局出发，抓住新一轮科技革命的契机，本着顶层设计、一体化实施的原则，重点围绕中医药特色诊疗、新药筛选、资源保护、质量控制、生产制造等方向，以中医药四诊仪、高通量筛选、中药基因数据库、有效成分分析仪器、智能生产装备等战略性产品为重点，突破相关关键技术，抢占技术前沿，促进我国中医药制造产业装备整体进入国际先进行列。

资源保护方面，重点加强我国中医药领域种质资源、知识产权保护，确立中医药作为我国独特资源的国家战略地位，构建传统草药基因数据库、中医临床医案数据库。同时，实现 NCBI 数据库的国内可替代数据库建设，避免重蹈芯片产业的类似覆辙。

13. 中医药产业可持续发展

加速中医药产业行业标准化的建设，健全中医药产业管理体制。我国要实现中医药产业的可持续发展，首先要根据中医药行业规律和特点，制定出满足中医药行业自身发展的标准，并且此标准能够得到国际上的认可。以"技术专利化，专利标准化，标准许可化"这一全球技术许可战略为目标，制定出有中国特色和优势的标准，进而加速中医药产业行业标准化的建设。完善的中医药产业管理体制，是实现中医药产业可持续发展的主要因素。统一的整体的管理制度体系有利于中医药产业的可持续发展。

加大中药知识产权宣传和保护力度，加强中医药知识产权保护意识，从而促进中医药产业可持续发展。

实施中药资源的可持续发展。中药的发展在我国已有几千年的历史，中药资源更是十分丰富。当然在充分利用中药资源的同时，更要注意保护资源和生态环境，保护自然环境的多样性和生态平衡性。防止中药资源的流失、退化和灭绝，保护中药资源是中药资源可持续利用的必然之路。

参 考 文 献

Adsul M G, Singhvi M S, Gaikaiwari S A, et al. Development of biocatalyst for production of commodity chemicals from lignocellulosic biomass. Bioresource Technology, 2011, 102: 4304-4312.

Andreeßen C, Steinbüchel A. Recent developments in non-biodegradable biopolymers: precursors, production processes, and future perspectives. Applied Microbiology and Biotechnology, 2019, 103 (1): 143-157.

Azambuja S P H, Goldbeck R. Butanol production by Saccharomyces cerevisiae: perspectives, strategies and challenges. World Journal of Microbiology and Biotechnology, 2020, 36: 48.

Becker J, Wittmann C. Advanced biotechnology: metabolically engineered cells for the bio-based production of chemicals and fuels, materials, and health-care products. Angewandte Chemie International Edition, 2015, 54 (11): 3328-3350.

Bozell J J, Petersen G R. ChemInform abstract: technology development for the production of biobased products from biorefinery carbohydrates—the US Department of Energy's "top10" revisited. Green Chem., 2010, 12 (4): 539-554.

Carole T M, Pellegrino J, Paster M D. Opportunities in the industrial biobased products industry. Applied Biochemistry and Biotechnology, 2004, 113: 871-885.

Corma A, Iborra S, Velty A. Chemical routes for the transformation of biomass into chemicals. Chemical Reviews, 2007, 107: 2411-2502.

Das M, Patra P, Ghosh A. Metabolic engineering for enhancing microbial biosynthesis of advanced biofuels. Renewable and Sustainable Energy Reviews, 2020, 119: 109562.

Gao T, Wong Y, Ng C, et al. L-lactic acid production by Bacillus subtilis MUR1. Bioresource Technology, 2012, 121: 105-110.

Heng K, Hatti-Kaul R, Adam F, et al.Conversion of rice husks to polyhydroxyalkanoates (PHA) via a three-step process: optimized alkaline pretreatment, enzymatic hydrolysis, and biosynthesis by Burkholderia cepacia USM (JCM 15050). Journal of Chemical Technology & Biotechnology, 2016, 92 (1): 100-108.

Jin C, Yao M, Liu H, et al. Progress in the production and application of n-butanol as a biofuel. Renewable & Sustainable Energy Reviews, 2011, 15: 4080-4106.

Kumar V, Ashok S, Park S. Recent advances in biological production of 3-hydroxypropionic acid.

Biotechnology Advances, 2013, 31（6）: 945-961.

Lactic Acid, Its Salts and Esters-Chemical Economics Handbook, September 2018, HIS Markit. https://ihsmarkit.com/products/lactic-acid-its-salts-chemical-economics-handbook.html[2018-09-28].

Liu H J, Xu Y Z, Zheng Z M, et al. 1, 3-propanediol and its copolymers: research, development and industrialization. Biotechnology Journal, 2010, 5: 1137-1148.

Raj S M, Rathnasingh C, Ji-Eun Jo, et al. Production of 3-hydroxypropionic acid from glycerol by a novel recombinant Escherichia coli BL21 strain. Process Biochemistry, 2008, 43（12）: 1440-1446.

Renewable Energy Focus Staff: Cobalt and API cooperate on biobutanol. http://www.renewableenergyfocususa.com/view/17558/cobalt-and-api-cooperate-on-biobutanol/[2011-04-28].

Shanmugam S, Ngo H H, Wu Y R. Advanced CRISPR/Cas-based genome editing tools for microbial biofuels production: a review. Renewable Energy, 2020, 149: 1107-1119.

Vadas D, Kmetykó D, Marosi G, et al. Application of Melt-Blown Poly（lactic acid）Fibres in Self-Reinforced Composites. Polymers, 2018, 10（7）: 766.

Wackett L P. Biomass to fuels via microbial transformations. Current Opinion in Chemical Biology, 2008, 12（2）: 187-193.

Wang M, Dewil R, Maniatis K, et al. Biomass-derived aviation fuels: challenges and perspective. Progress in Energy and Combustion Science, 2019, 74: 31-49.

Weng Y X, Jin L Y, Xu G Z.Current status of bio-based and bio-degradable plastics in China and some suggestions for their industrial development. Modern Chemical Industry, 2010, 2: 2-5.

Wittcoff H A, Reuben B G, Plotkin J S. Industrial Organic Chemicals. 3rd ed. Hoboken, New Jersey: John Wiley & Sons Inc., 2012.